AF199767

Tucholsky   Wagner   Zola   Scott   Sydow   Freud   Schlegel
Turgenev   Wallace   Fonatne
Twain   Walther von der Vogelweide   Fouqué   Friedrich II. von Preußen
Weber   Freiligrath   Frey
Fechner   Fichte   Weiße Rose   von Fallersleben   Kant   Ernst   Richthofen   Frommel
Hölderlin
Engels   Fielding   Eichendorff   Tacitus   Dumas
Fehrs   Faber   Flaubert   Eliasberg   Ebner Eschenbach
Feuerbach   Maximilian I. von Habsburg   Fock   Eliot   Zweig
Ewald   Vergil
Goethe   Elisabeth von Österreich   London
Mendelssohn   Balzac   Shakespeare   Dostojewski   Ganghofer
Trackl   Lichtenberg   Rathenau   Doyle   Gjellerup
Stevenson   Hambruch
Mommsen   Thoma   Tolstoi   Lenz   Hanrieder   Droste-Hülshoff
Dach   Verne   von Arnim   Hägele   Hauff   Humboldt
Karrillon   Reuter   Rousseau   Hagen   Hauptmann   Gautier
Garschin   Defoe   Baudelaire
Damaschke   Descartes   Hebbel
Hegel   Kussmaul   Herder
Wolfram von Eschenbach   Dickens   Schopenhauer   Rilke   George
Bronner   Darwin   Melville   Grimm   Jerome   Bebel   Proust
Campe   Horváth   Aristoteles   Voltaire   Federer
Bismarck   Vigny   Barlach   Heine   Herodot
Gengenbach
Storm   Casanova   Tersteegen   Gilm   Grillparzer   Georgy
Chamberlain   Lessing   Langbein   Gryphius
Brentano   Lafontaine
Strachwitz   Claudius   Schiller   Kralik   Iffland   Sokrates
Bellamy   Schilling
Katharina II. von Rußland   Gerstäcker   Raabe   Gibbon   Tschechow
Löns   Hesse   Hoffmann   Gogol   Wilde   Gleim   Vulpius
Luther   Heym   Hofmannsthal   Klee   Hölty   Morgenstern
Roth   Heyse   Klopstock   Kleist   Goedicke
Luxemburg   Puschkin   Homer   Mörike   Musil
La Roche   Horaz
Machiavelli   Kierkegaard   Kraft   Kraus
Navarra   Aurel   Musset   Moltke
Nestroy   Marie de France   Lamprecht   Kind   Kirchhoff   Hugo
Laotse   Ipsen   Liebknecht
Nietzsche   Nansen   Ringelnatz
Marx   Lassalle   Gorki   Klett   Leibniz
von Ossietzky   May   vom Stein   Lawrence   Irving
Petalozzi   Knigge
Platon   Pückler   Michelangelo   Kafka
Sachs   Poe   Liebermann   Kock   Korolenko
de Sade   Praetorius   Mistral   Zetkin

Der Verlag tredition aus Hamburg veröffentlicht in der Reihe **TREDITION CLASSICS** Werke aus mehr als zwei Jahrtausenden. Diese waren zu einem Großteil vergriffen oder nur noch antiquarisch erhältlich.

Symbolfigur für **TREDITION CLASSICS** ist Johannes Gutenberg (1400 — 1468), der Erfinder des Buchdrucks mit Metalllettern und der Druckerpresse.

Mit der Buchreihe **TREDITION CLASSICS** verfolgt tredition das Ziel, tausende Klassiker der Weltliteratur verschiedener Sprachen wieder als gedruckte Bücher aufzulegen – und das weltweit!

Die Buchreihe dient zur Bewahrung der Literatur und Förderung der Kultur. Sie trägt so dazu bei, dass viele tausend Werke nicht in Vergessenheit geraten.

Streitschriften

Georg Christoph Lichtenberg

Impressum

Autor: Georg Christoph Lichtenberg
Umschlagkonzept: toepferschumann, Berlin

Verlag: tradition GmbH, Hamburg
ISBN: 978-3-8424-9168-7
Printed in Germany

Ziel der TREDITION CLASSICS ist es, tausende deutsch- und
fremdsprachige Klassiker wieder in Buchform verfügbar zu
machen. Die Werke wurden eingescannt und digitalisiert. Dadurch
können etwaige Fehler nicht komplett ausgeschlossen werden.
Unsere Kooperationspartner und wir von tredition versuchen, die
Werke bestmöglich zu bearbeiten. Sollten Sie trotzdem einen Fehler
finden, bitten wir diesen zu entschuldigen. Die Rechtschreibung der
Originalausgabe wurde unverändert übernommen. Daher können
sich hinsichtlich der Schreibweise Widersprüche zu der heutigen
Rechtschreibung ergeben.

Georg Christoph Lichtenberg

Streitschriften

Timorus,
Das ist,
Verteidigung zweier Israeliten,
*die durch die Kräftigkeit der
Lavaterischen Beweisgründe und der
Göttingischen Mettwürste bewogen
den wahren Glauben angenommen haben,
von
Conrad Photorin
der Theologie und Belles Lettres Kandidaten*

An die Vergessenheit

Allerdurchlauchtigste, Großmächtigste Monarchin,

Der besondere Schutz, dessen Ew. Königl. Majestät jederzeit die bisherigen Produkte meines Geistes gewürdigt haben, und die Überzeugung, daß dieses Werkchen, wegen seines Inhalts, über kurz oder lang doch an Höchstdieselben gelangen werde, haben mich aufgemuntert, es lieber gleich selbst zu Höchstdero Füßen in tiefster Untertänigkeit zu legen. Ich darf um so weniger an einer gnädigsten Aufnahme desselben zweifeln, als es eine Religionsstreitigkeit betrifft, und Ew. Königl. Majestät bekanntlich dieser Art von Schriften Dero vorzügliche Protektion gönnen, wie sie es denn auch ihrer Wichtigkeit, und der Mäßigung, Gewißheit und Klarheit wegen, die in denselben zu herrschen pflegt, vorzüglich verdienen.

Da Ew. Königl. Majestät nunmehr in Dero unermeßlichen Staaten den allerneusten französischen Witz eingeführt haben, so habe ich Höchstdero weisen Absichten gemäß, denselben überall so viel als möglich zu erreichen gesucht, und mich durchaus eines rigoris gallici in demonstrando beflissen, hingegen alles vermieden, was nach der allerdings bejammernswerten Einfalt des blinden Heidentums schmeckt.

Ich ersterbe in tiefster Devotion,

> *Allerdurchlauchtigste,*
> *Großmächtigste Monarchin,*
> *Ew. Königl. Majestät*
> untertänigstdevotester Knecht,
> *Conrad Photorin*

Vorrede des Herausgebers

Lieber Leser,

Ehe du an das Werkchen selbst kommst (und wenn du nicht so weit kommen solltest, so wollen wir kein Wort deswegen verlieren) nimmt sich der Türhüter im Namen seines Herrn die Freiheit, dich um eine Kleinigkeit anzusprechen. Du wirst beim Eingang so gut sein und ein paar Vorurteile ablegen, sie nützen dir inwendig auf meine Ehre so viel, als ein Degen in einer Bildergalerie oder in Vauxhall.

Für das erste mußt du nicht glauben, mein Herr habe nachstehendes Büchlein aus jener zügellosen Begierde, die sich um die Zeit des ersten Barts einzustellen pflegt, in die Welt gesetzt, ich meine aus dem Trieb, Bücher zu schreiben, und seinen Witz sehen zu lassen, sondern es ist vielmehr ganz aus reinem Triebe und über die Hälfte aus kalter Pflicht entsprossen. Er leugnet zwar nicht, wie er wohl sicher tun könnte, wenn er allein ein Mensch und du etwa ein Orang Outang wärest, daß ihn jene Begierde zwar öfters angewandelt, er hat ihr aber allezeit mit Mut widerstanden und den festen Vorsatz gefaßt, seine Feder nicht eher zu gebrauchen, bis ihn Pflicht und Gewissen dazu aufforderten, aber alsdenn auch nicht eher niederzulegen, bis ein Schandfleck auf- oder einer zugedeckt ist.

Für das zweite bittet er, ja nicht zu glauben, daß er es bös mit dem Publiko meine, mit dem er es hauptsächlich zu tun hat. Nichts weniger. Wenn er eifert, so ist es immer ein geistlicher Eifer, und wenn er flucht, so sind es immer Segensflüche. Ja er ist vielmehr bereit, für jeden Dürftigen sein Blut oder wenigstens seine Dinte zu versprützen, wie er es mit dem einen, der Dinte nämlich, schon für diese Wiedergeborne getan hat.

Dieses ist es, warum ich dich vorläufig ansprechen wollte, und wogegen ich dich von der Wahrheit des Gesagten, bei der Ehrlichkeit eines Türhüters versichern kann.

Es leuchtet zwar die gute Absicht meines Herrn überall aus dem Büchelchen selbst sattsam hervor, ich habe aber doch auch diese Versicherung gleichsam als einen Zoll entrichten sollen, den man der Würde der menschlichen Natur schuldig ist: denn tun können auch die Ochsen und die Esel, aber versichern kann noch zur Zeit der Mensch nur allein.

Geschrieben im August 1771

Man sollte sich zwar nicht wundern, wenn der Satan, der ohnehin sonst wenig oder nichts zu tun hat, sich Tag und Nacht bemühet, hier und da den Kindern der Kirche Netze und Schlingen zu legen, am allerwenigsten, wenn er diejenigen zu verfolgen sucht, die er schon einmal in seinen höllischen Pfoten hatte, die ihm aber durch Uns wieder abgejagt worden sind. Man sollte vielmehr den Fürsten der Finsternis toben lassen und mit jenem Liede gelassen sprechen oder singen:

> Laßt den Teufel brummen,
> Er muß doch verstummen.

Allein, wenn seine satanischen Kniffe ein ganzes Publikum verblenden; wenn er nicht bloß ein paar Christen kränkt, sondern sich hierzu selbst tausend anderer bedienet, ja wenn dieses verblendete Publikum auf einer ansehnlichen Universität lebt: Welcher natürlichehrliche Mann, von den künstlichen will ich gar nicht einmal reden, wird da stille zu sitzen können?

Man bedenke nur selbst: Auf den meisten deutschen Universitäten sind, wie man sicher annehmen kann, gewiß täglich an die zweihundert Federkiele, die Bleistifte nicht einmal gerechnet, beschäftigt, das Wort so rein als möglich zu halten, ja man hat daselbst durch die sinnreichsten und tiefsinnigsten sowohl aus den Schätzen, als dem Kehricht des Morgenlandes hergeholten Erklärungen, schweren und feinen Rettungen, schweren und feinen Mutmaßungen und gleichsam durch eine Art von exegetischen Selbstschüssen, Palisaden, spanischen Reutern und Kartätschen, die Religion so verrammelt und verschanzt, daß man glauben sollte, dem Satan selbst müsse endlich einmal der Kützel vergehen, die Leute anzuzapfen, die innerhalb des Walles wohnen, und dennoch tut er es. Nun denke man einmal: Wenn es in der Festung so zugeht, was will aus dem platten Lande werden?

Doch ich wende mich so früh zur Sache als möglich. Es haben sich diesen Sommer in und bei G... zwei ehrliche Israeliten zum wahren Glauben bekehrt und die Taufe glücklich empfangen. Konnte das kleine Häuflein der lutherischen Kirche wohl eine größere Conquete machen, als dadurch, daß es über die Hartnäckigkeit zweier Beschnittenen gesiegt hat? Es hätte die Überläufer mit Sanftmut und Milde aufnehmen sollen, um ihnen recht zu zeigen, was sie für einen Dienst verlassen und was für einen sie angenommen haben, daß sie aus dem Nassen in das Trockene, aus der Tiefe in die Höhe, aus der Dämmerung in das Licht gekommen wären; bisher hätten sie mit den Falschen Gemeinschaft gehabt, jetzt aber mit den Guten und Ehrlichen. Aber pfui! was taten die Bürger? Kaum waren sie getauft, kaum waren ihnen, so zu reden, die Köpfe trocken geworden, so schrie man: *Man hätte die Betrüger und Landstreicher nicht annehmen sollen; sie wären nicht durch Beweisgründe, sondern durch Mettwürste bekehrt worden; ein ehrlicher Mann ändere seine Religion niemals mit so großen Umständen,* und was dergleichen zum Teil recht freigeisterische Reden mehr gewesen sind. Aber ist das christlich gesprochen, sagt? Wie muß das den beiden ehrlichen Männern durch die Seele gehn? Kein Wunder fürwahr, wenn sie gerade unsere Herde verließen, in ein anderes Land gingen und entweder wieder Juden würden, oder wenigstens durch ein zweites Bad der Wiedergeburt sich in andere Hürden eintreiben ließen, wie man denn dergleichen traurige Exempel leider mehr als zu viele hat. Aber wer will es ihnen verdenken! Ich will gar nicht einmal erwähnen, was die andern Juden von uns denken müssen? Werden sich die wohl bekehren lassen? Werden sich die Vögel fangen lassen, wenn ihr so mit Prügeln darunter werft? Ich höre zwar, daß sich dem ohngeachtet wieder einige gemeldet haben, die sich wollen annehmen lassen, allein glaubt mir nur auf mein Wort, das sind gewiß arme Tröpfe oder Betrüger, die bei diesen nassen Jahren nicht mehr wissen, wo sie hin sollen. Die rechten fetten kommen euch gewiß nicht, wenn ihr ihnen solche feine Titel gebt, so bald ihr sie drinnen habt. Stellt euch nur selbst einmal an ihre Stelle. Welcher ehrliche Jude, der sein gutes Auskommen hat, wird sich, seinem Handel und Wandel zum Nachteil, hinsetzen, unsere an sich heut zu Tage schwer zu prüfende Religion zu untersuchen – zu was Ende? um sich Betrüger und Landstreicher schelten zu lassen. Die Ehre haben sie ja so schon, wir halten ja die meisten schon für Galgenvögel, was haben sie nötig, deswegen erst Christen zu werden. Das wäre ja lächerlich. Also seht, ihr, ihr selbst mit euren losen Mäulern seid schuld daran, daß die meisten Juden, die wir zu taufen kriegen, hungrige Schlucker oder Betrüger sind. Wer Fasanen schießen will muß sich stille halten, der Sperlinge kommen ohnehin genung in allen Fällen.

Ich sage hiermit gar nicht, daß unsere beiden Neubekehrten Schelmen wären. Das sei ferne von mir. Gegenteils habe ich mir vorgenommen, sie mit Gründen, und wenn das nicht helfen will, mit Eifer gegen die ruchlosen Beschimpfungen unserer Mitbürger zu verteidigen. Überall, wo man nämlich hin kommt, sagen die Leute einmütig: der Jude, der in W... getauft worden wäre, sei einer der größten Spitzbuben, der nur lebendig gedacht werden könne, und doch, wenn man nach einem Beweis des Behaupteten fragt, so halten sie am Berge und wissen nichts vorzubringen. Es fehlt ihnen zwar nicht an Scheingründen, womit sie ihre boshaften Verleumdungen wahrscheinlich zu machen suchen, als z.E. sie sagen, er habe gestohlen, habe zu B... lange im Stockhause gesessen, sei des Landes verwiesen worden, und was dergleichen Sophismata mehr sind. Ich leugne zwar nicht, daß dieses alles wahr sei, denn es ist gerichtlich bestätiget, aber kann der Jude nicht deswegen ein ehrlicher Kerl sein? Hierauf allein kommt es an. Denn ob er gestohlen oder nicht gestohlen, im Stockhaus gesessen oder nicht gesessen habe, ob er verwiesen oder nicht verwiesen worden sei, mit einem Wort, das wollen wir nicht wissen. Die ganze Frage lauft darauf hinaus: ist der Kerl ehrlich, und konnte er zur Taufe gelassen werden? Können wir dieses beweisen, so gibt es sich mit dem einfältigen Stehlen, Stockhaussitzen und Landesverweisen von selbst.

Aber nun hört einmal, was ihr mit euren vermeintlichen Beweisen hiergegen ausrichtet. Nichts, gar nichts. Denn erstlich wollen wir einmal euer verwiesen worden und euer Landstreicher sein, beleuchten. Ich denke noch immer nicht, daß ihr dieses im Ernste anführt, den Mitbruder verdächtig zu machen; tut ihr es aber, so verratet ihr dadurch eure grobe Unwissenheit in der Gelehrten-, Kirchen- und politischen Geschichte. Denn wem ist unbekannt als euch, daß man die größten Gelehrten, die frömmsten Männer, und die erfahrensten Staatsleute öfters des Landes verwiesen? Ihr lest nicht einmal die Zeitung mit Aufmerksamkeit, sonst müßtet ihr wissen, daß vor kurzem der Duc de Choiseul und das ganze Parlement von Frankreich verwiesen worden ist, und zwar, wohl gemerkt, gerade deswegen, weil sie ehrliche und patriotische Leute waren. Ja einige heilige Leute des neuen Testaments haben sich dieses aus eben dem Grunde müssen gefallen lassen. Ihr müßt mir nicht mit dem schalen Einwurfe kommen, und sprechen: jene Leute seien nur auf ihre Güter gegangen, wo hatte der Jude Güter? Er hatte keine, und, fürwahr, wenn ich nirgends etwas habe, welches der Fall unsers Mitbruders ist, so will ich gewiß nicht in dem Lande bleiben, aus dem ich bin verwiesen worden. Mit einem Wort, die Historie ist so reich an Beispielen von ehrlichen Leuten, die verwiesen worden sind, hingegen so arm an welchen von verwiesenen Betrügern, daß wir Menschen, die wir in den wenigsten Dingen zu einer mathematischen Gewißheit kommen können, es recht als ein Kriterium von der Ehrlichkeit eines Mannes anzusehen haben, wenn er des Landes verwiesen worden ist. Was ich hier von dem Lande überhaupt sage, behauptet ein großer Gelehrter von den Palästen der Großen, die doch als der Sitz der Seele eines Landes angesehen werden müssen, ein Mann, dessen Buch die Ehre gehabt hat, die sonst nur allein der Bibel zu widerfahren pflegt, daß der Tod zwei der größten Männer, den Kardinal Richelieu und den Herrn von Leibniz darüber angetroffen. Barclajus sagt nämlich in seiner Argenide Lib. I. Cap. X. Nunc fortuna instituit, ut in multis gentibus prope fit egregii animi indicium arceri a regiis, aut in illis jacere, welches man im Deutschen so geben könnte: Nun ist es einmal nicht anders, wenn ihr seht, daß ein Mann entweder vom Hofe gejagt worden ist, oder es an demselben nicht über die Bratenwenderstelle zu bringen weiß, so denkt nur sicherlich, es ist ein ganzer Mann.

Ferner sagt ihr, er sei ein Landstreicher. Aber, ums Himmels willen, sagt, was ist Unehrliches in einem Landstreicher? Ich weiß es wohl (und es ist eine unmittelbare Folge unsers natürlichen Verderbens) daß die Erfinder der Sprachen gewöhnlich einen geringen Grad von einer sonst guten Eigenschaft mit einem besondern Worte bezeichnen, auf welches sie gleichsam den Akzent der Unehrlichkeit gelegt haben. So nennen wir einen kleinen Poeten einen Reimschmidt, einen Poetaster oder einen Schmierer, ein Name, der in meinen Ohren fast klingt wie Ketzer, Bastard oder Komödiant; einen geringen Grad von Reinlichkeit nennen sie Schweinerei, von Advokatie Zungendrescherei, von Malerkunst Weißbinderei. Ein Mensch, der nur eine geringe Courage besitzt, heißt gleich eine alte Hure, eine kleines Werkchen, ein Wisch usw. Ja in unsern Zeiten machen wir es nicht besser, ein kleiner Journalist wird gleich ein Ziegra, ein kleiner Grad von Süßigkeit Jacobismus genennt. Also wenn ein Armer seinem angebornen Trieb zu reisen zu Fuß ein Genüge tun will, so heißt er ein Landstreicher. Aber ist dieses philosophisch und christlich gedacht und gesprochen. Alle honetten deutschen Gesellschaften sollten alle ihre Macht, und wenn es nicht anders sein könnte, wenigstens ihre Ohnmacht anwenden, einem solchen Übel zu steuern, und entweder das Wort von dem Begriff durch Gelindigkeit scheiden, oder wenn die Scheidung nicht angehen sollte, den ganzen Plunder mit einem mal wegwerfen. Denn wenn dieses noch 200 Jahre so fort geht, so weiß ich nicht, was wir mittelmäßigen Köpfe endlich anfangen wollen. Die güldne Mittelstraße und alle, die darauf wandeln, werden mit solchen Wörtern belegt werden, daß man sich lieber auf dem Wege zum Galgen als auf demselben wird antreffen lassen. Alle können wir doch fürwahr nicht immer mit sechsen fahren, oder mit vieren im Meßcatalogus stehen. Die Manns- und Weibsstühle im Tempel der Ewigkeit sind heut zu Tage alle besetzt, was will man denn anfangen? Man muß sich nach der Decke strecken. Und am Ende, was hat denn ein Landstreicher Besonderes, ist denn unser zu Hause sitzen verdienstlicher? Ja die Seele des sogenannten Landstreichers hat gemeiniglich ein gewisses allgemeines, in alles passendes Wesen, das der beinahe tierischen, eingeschränkten Seele des Genies weit vorzuziehen ist. Den erstern kann man überall nutzen, hier zum Ausfüllen, dort zum Zuschmieren und überhaupt da, wo nichts anders dient, hingegen das letztere, wenn es nicht gerade dahin kommt, wo es Eckstein oder Schlußstein werden kann, das ist mit Quadratwurzeln und Reihen spielen, von Planeten fabeln, unter halbverfaulten Muskeln kramen, oder Gesetze geben kann, ist ein so sperriges, unbrauchbares, ärgerliches Ding, als ein Kachelofen im Sommer. Ich kann nicht leugnen, daß ich fast wünschte, es möchte einmal ein Landstreicher, der ein großer Mann wäre und die Gabe hätte, aufstehen und auf unser zu Hause sitzen einen ähnlichen Akzent legen, wie würden wir da schwärmen, und eben dadurch unsern Vätern, den alten Deutschen, ähnlicher werden, bei denen solche Stadthöcker, wie ihr und eures Gelichters, eben so unehrlich gewesen wären, als ihr die Landstreicher jetzt gehalten wissen wollt. Was ich oben von der Gemeinnützigkeit der Landstreicher gesagt habe, will ich noch mit dem Zeugnisse zweier der größten Kenner des menschlichen Herzens in diesem Jahrhundert, ich meine des Grafen von Zinzendorf und des General Fischers, belegen. Der letztere hat nämlich versichert, daß die tapfersten Leute in seinem Corps, jederzeit die sogenannten Landstreicher, Vagabunden und Verwiesenen gewesen wären, und der erstere soll ebenfalls gefunden haben, daß niemand der Fahne des Lammes treuer folge, als eben diese Leute, zumal wenn sie zu gesetzten Jahren gekommen sind, und sich unter derselben einmal recht eingedient haben. Wem ist ferner unbekannt, daß das weise England seinen Kolonien täglich solche Leute zuschickt, um jene immer mehr und mehr in den Flor zu bringen. Also seht ihr, drei Kardinaltugenden, Tapferkeit, Religion und Industrie findet sich nach dem Zeugnis der größten Männer und der weisesten Nation in dem Corpore der Vagabunden, und ihr wollt sie verdammen, ihr, die ihr vielleicht – seht zu solchen Eröffnungen bringt ihr mich – die ihr vielleicht keine von allen dreien besitzt. Euch zu Liebe breite ich mich über diesen Artikel nicht weiter aus, sondern lasse euch mit Fleiß diesen Dorn in eurem Gewissen und gehe weiter.

Er hat aber gestohlen, sagt ihr. Nun, gestohlen, gut – was ist denn? Seid ihr etwa gar noch Stoiker und leugnet die Grade der Moralität? Ich weiß es so gut als ihr, daß es Diebstähle gibt, auf denen der Strang steht, und die ihn verdienen, aber ich weiß auch, daß es Diebstähle gibt, wobei man der ehrlichste Mann von der Welt sein kann. Denkt nur selbst nach, was heißt stehlen? Wenn ich nicht sehr irre, so heißt es so viel, als seinem Nächsten das Seine wider seinen Willen, ohne Gewalt entwenden. Ohne Gewalt, merkt es wohl, da sitzt der Knoten, der euch Blöde so bedüstert hat. Aber macht das unehrlich? Nichts weniger. Denn sagt mir einmal, wie könnten so viele honette Leute bei Hofe und in der Stadt, die den reichen Kaufleuten ihren Überfluß abnehmen, borgen und nicht bezahlen, so viele ehrliche Vormünder, die ihren Pupillen das Ihrige entwenden, wie könnten das ehrliche Leute sein? Es wird sich niemand unterstehen, auch sich nur im mindesten merken zu lassen, daß er es nicht glaubte, und man tut wohl. Warum schimpft man denn bei diesem armen Teufel von einem Juden von Morgen bis in die Nacht, und dort regt sich niemand? Deswegen, weil diese Personen nicht allein Belesenheit genung besitzen, allenfalls einen Beweis zu führen, sondern auch Macht, einer solchen müßigen Verleumdung mit Nachdruck zu begegnen. Ich, der ich gottlob auch einen Beweis zu führen gelernet habe, trete also hiermit öffentlich für den Juden auf, und erkläre: Wer da sagt, daß der Jude ein Schelm sei, weil er gestohlen habe, der ist ein Lügner. Warum haben die Leute ihre Effekten nicht besser in Acht genommen. Hätte der Jude gefehlt, das ich aber nicht zugebe, so hat er weiter nichts als eine Pflicht gegen seinen Nächsten verabsäumt, das ist alles, aber der andere, der nicht beständig auf seiner Hut ist, verabsäumt eine weit heiligere Pflicht, die Pflicht gegen sich selbst, von welcher heut zu Tage die Welt und unsere besten Systeme der Moral so gerade abhängen, daß es ausgemacht ist: sollten diese Pflichten nicht mehr beobachtet werden, so ginge nicht allein alles in der Welt zu Grunde, sondern alle unsere braven Philosophen hätten auch Unrecht. Ich für meine Person hielte es also gar nicht für ungereimt, wenn man ein Gesetz gäbe, vermöge dessen der Dieb zwar eine Strafe geben, z.E. 60 Prozent des Gestohlenen in die Schatzkammer, aber der Bestohlene, ohne weiteren Prozeß, aufgeknüpft werden müßte. Ich habe auch bereits vernommen, daß das Licht dieses Gesetzes schon in einigen Provinzen unsers deutschen Vaterlandes dämmern soll, wo nämlich der Staupbesen und Verlust des Vermögens demjenigen drohen, von dem es stadtkundig wird, daß er von einem bekannten angesehenen Manne ist bestohlen worden, und man hat Hoffnung, dieses Gesetz auch auf die Spitzbuben vom Bauernstande ausgedehnt zu sehen.

Noch unüberlegter räsonieren diejenigen, welche da sagen: es könne deswegen mit dem Juden nicht so ganz richtig sein, weil er etlichemal im Stockhause gesessen. Nun wahrlich, wenn dieses Argument nicht vom Zaune gebrochen ist, so verstehe ich es nicht. Meint ihr denn, jeder der im Stockhause säße, wäre ein Mörder, ein Komödiant, ein Gotteslästerer, ein Possenreißer oder ein Straßenräubers O glaubt nur sicherlich, das sind zuweilen die ehrlichsten Leute, deren es innerhalb des Stockhauses eben eine solche Menge gibt, als Spitzbuben außerhalb. Die Geschichte des Ursprungs der Stockhäuser bekräftiget dieses selbst, wie ich einmal in dem höchst raren Werke: *Vom Ursprung der Lybes- und Lehensstrofen und deren tidigen Gebruk und Mod*, so auf der Göttingischen Bibliothek befindlich, gelesen habe. Die Stelle ist naiv und wegen des eigenen Dialekts merkwürdig, daher ich sie hier ganz einrücke. Es heißt nämlich daselbst Seite 17:

»In de olle Tiden, do weren alle de Gewissen der Lüe (Leute) veel genuer examineeret und de Schelmen und de Galgenschwengels veel scharper stroft; man ded nit onseen de Persohn, ob he was en gemeen Kerl or ob he was en förnehmb Kerl, dat was alle like veel. Do wurden ups lest de Karzers so full, dat en Rechtsman den Vorschlag ded, ob es nit better was, de ehrliken Lüe von de Galgenschwengels aftosundern as de Galgenschwengels von de ehrliken Lüe, sint der Galgenschwengels veel mehr weren als der ehrliken Lüe. Dese Vorschlag ded Byfall finden und man ded höie (hohe) Muren medhoie Thören upföhren umb de Städt und alle Städt wurden Karzers för de Galgenschwengels. Wann de Prediger or de Rechtslüe (denn de weren de ontige (einzige) ehrliken Lüe in en Stadt) saen (sahen) dat en Man hed en Beassung (vermutlich kommt das englische byass Hang, Neigung daher) to en ehrlik Kerl, so sette se hem ut den Dore, und let hem fry. Dodurch seynd nach und nach Dörpers entstanden und erbuet worden, wo de ehrliken Lüe wohnten, de den Galgenschwengels in de Stadt ups leßt nit Eten und Drinken to toföhren vermögten, do ded en heel kunning (recht durchtriebener) Rechts Man, der selber en von den Galgenschwengels ma west syn, en ander Vorschlag, dat wyl der ehrliken Lüe veel to wenig weren, de ander to underhollen, so möte (müßte oder mögte) man es med de Galgenschwengeley nit so gnu nehmen, damit der ehrliken Lüe mehr worden, und es ward resolveert, dat keen Kerl för en Galgenschwengel passeren sulde, wenn he nit en arm Düvl were, or nit kunning (schlau) nugh syne Museryen to bergen, und diß wird trülig gehollen bis up den hütigen Dag. Do fand sich es denn sann (bald) dat en enselt Thorm grot nugh wer för de Conventions-Schelme, de armen Düvels etc.« So weit unser Autor, woraus sattsam erhellet, daß es bloß von einem Zufall herrühret, daß diese Unglücklichen eingesperret werden. Würde einmal (und man kann nicht wissen, ob sich dieses nicht einmal noch ereignen wird) ihre Anzahl größer als der Unsrigen, so müßten wir in die Gefängnisse, wovor uns aber doch der Himmel bewahren wolle.

Aber nun gesetzt auch, der Jude habe sich so aufgeführet, daß man ihn wirklich für einen Schelmen erkennen, und als einen solchen hätte einsperren müssen, glaubt ihr denn, daß er ohne so etwas zu uns übergetreten wäre. Bedenkt nur, wie kann ein armer Jude, der mit Kopf und Händen den ganzen Tag zu arbeiten hat, um nur Nahrung für heute zu finden, wie kann sich der hinsetzen, seine Religion und die unsre prüfen, und Argumente abwägen? Er könnte zehnmal verhungern, ehe er eine einzige unsrer Verteidigungen oder Beweise der Wahrheit der christlichen Religion durchstudieret hätte und zu einem Entschluß kommen könnte. Allein die dunkeln Zellen eines Stockhauses, wo Tod, Jammer und Verwesung uns aus jedem Winkel anfletschen; wo die Sorgen der Nahrung uns nicht quälen; wo beständiges Wasser und Brod zwischen Geist und Fleisch Friede machen, und der Waage des Urteils die erwünschte Richtigkeit geben, da ist der Ort, die Religion mit Muße zu prüfen; da konnte der Jude Gründe gegen Gründe, System gegen System abwägen, da konnte er untersuchen, welches am besten gerändet sei, die Äsgen zählen, um welche jenes zu leicht und dieses zu schwer war; im Stockhause konnte er dieses tun, nicht in seiner Hütte, nicht auf der Landstraße, nicht in der Synagoge und nicht auf der Wechselbank. Ja es ist mir, indem ich dieses schreibe, als wenn mir innerlich etwas sagte: Der Jude hat mit Fleiß gestohlen und sich greifen lassen, um Muße zu bekommen, das Werk anzufangen. Widersprechendes hat es nichts in sich. O der Durst nach der wahren Lehre ist bei manchem sehr brennend, und die Art und Weise, es mit dessen Löschung anzufangen, ist bei einem Menschen nicht wie bei dem andern. Beherzigt einmal dieses, betrachtet einmal den Juden in diesem Licht und sagt, ob ihr, um des Evangelii willen, das wagen würdet, was er gewagt hat? Wie man eine Hand umwendet, so hätte er können aufgeknüpft werden. Bedenkt, aufgeknüpft, und nicht der Religion wegen, sondern als Spitzbube, als Schelm aufgeknüpft, ohne daß nur eine Zunge oder eine Feder je gesagt hätte: da hängt der Märtyrer.

Wenn ich dieses alles zusammen nehme, so werde ich immer mehr und mehr in einem Gedanken bestärkt, auf den ich einmal bei Durchlesung des vortrefflichen Büchleins des Herrn Beccaria von Verbrechen und Strafen, gekommen bin, ein Gedanke, der diesem Kopf von weit geringerer Polhöhe, als der meinige (ich meine eben diesen scharfsinnigen Italiäner) entwischt ist. Daß nämlich Spitzbuben, Räuber und Beutelschneider, oder die nachherigen Karregefangenen, Galeerensklaven und Arrestanten bei weitem die niedrigen, verwerflichen Glieder der Gesellschaft nicht sind, die man aus ihnen zu machen überall sich befleißiget. Sie sind zwar nicht das Salz der Gesellschaft, so notwendig sind sie freilich nicht, aber unter dem Pfeffer dünkt mich, kann man ihnen einen Platz nicht wohl versagen. Denn man beliebe nur zu bedenken, wenn es keine Menschen mehr gäbe, die ihr Genie antriebe, sich der Karre oder der Galeere zu widmen, so müßten wir sogenannten ehrlichen Leute am Ende fürs Geld selbst hinein. Ich lebe auch in Wahrheit der Hoffnung, daß, so wie wir die Bastarde und die Schäfer jetzt unter die ehrlichen Leute rechnen, die unsere Vorfahren nicht dafür erkennen wollten, wir mit der Zeit auch dem bedrängten Orden der Spitzbuben eine ähnliche Gerechtigkeit werden angedeihen lassen. Ja sie sind schon so gut als gesichert, wenn sich die mit Recht beliebte mitleidige Empfindlichkeit unter Richtern und Advokaten immer weiter ausbreitet, die für jeden Bettler ein Dreigroschenstück, und für jeden Eingekerkerten eine Träne hat. O, Freunde, ich sehe schon mit Entzücken die Morgenröte einer empfindsamen peinlichen Halsgerichtsordnung über dem Horizont von 1800 heraufdämmern, da niemand mehr im Gefängnisse lebendig modern, oder kein Unschuldiger mehr den Raben zu Teil werden wird. Freilich werden alsdann unsere Gassen und unsere Landstraßen nicht mehr, ich möchte fast sagen, so schrecklich sicher sein als jetzt, allein wie Not um das? Wir schaffen unsere, ohnehin unbrauchbare Taschenuhren nur ab, und tragen an deren Stelle ein paar weit nützlichere Taschenbuffer, die bei hundert andern kleinen Vorfällen noch zu gebrauchen sind.

Dieses könnte für mich und den Juden schon hinlänglich sein hier aufzuhören, wenn es mir bloß um den Ruhm eines guten Logici oder Advokaten zu tun wäre, aber höhere Pflichten fordern von mir, weiter zu gehen, und zu zeigen, wie viel natürliche Bosheit, modischer Leichtsinn, ja sogar, wenn ich es recht genau nehme, Gotteslästerung in euren schändlichen Äußerungen verborgen liegt. Vor allen Dingen sagt mir einmal, glaubt ihr, daß ein Jude, als Jude selig werden könne, oder nicht? Doch ich will nicht hoffen, daß ihr glauben werdet, daß wir dereinst im Paradies wieder mit Juden umgehen sollen. Ihr gebt also zu, daß jeder Jude, der als Jude stirbt, im höllischen Feuer mit dem Teufel und seinen Engeln ewig glühen muß, und so weit, Freunde, denkt ihr anständig und billig. Allein nun frage ich euch: kann wohl ein Jude, der nun einmal ein Opfer der ewigen Flamme werden soll, und zu dessen Verdammung Gott seine weisen Ursachen gehabt haben muß, seine Sache dadurch schlimmer machen, daß er hingeht und ein paar Gänse stiehlt, wofür er eingesteckt wird. Merkt ihr wohl, wo ich hinaus will? Gott hat sie verstoßen, und wir dulten sie dennoch, bis sie uns erst ein paar Groschen stehlen, alsdann verstoßen wir sie auch. Ei wer sind wir denn? wir Würmer, wir Staub? daß wir Geschöpfe, die vom höchsten Richter verworfen sind, gleichsam noch auf die Probe annehmen, um zu sehen, ob sich auch jener Richter nicht vielleicht geirret habe. Ich will es euch selbst überlassen, die schrecklichen Konsequenzen hieraus zu ziehen und nur noch im Vorbeigehen die kleine Anmerkung machen: daß ich es gar nicht tadle, wenn ihr diese Verworfenen verfolgt, ja ich glaube ihr könnt den Himmel verdienen wenn ihr – – O! Er dort oben weiß es, daß meine Absichten gerecht sind – – – mit der Schärfe des Schwerts – doch ihr versteht mich, lieben Brüder, – ich tadelte euch nur deswegen, daß ihr den Geist der erlaubten Verfolgung erst durch ein nichtswürdiges, weltliches Vergehen habt in euch erwecken lassen. Nun rechnet einmal zusammen und zieht eine Summe, was heißt dann nun euer ganzes elendes Geschwätz: *Wir wundern uns, daß man einen Betrüger und Spitzbuben zur Taufe läßt.* Heißt es nur eine Silbe mehr, als: *wir wundern uns, daß man einen Juden zur Taufe läßt, oder daß man einen Febricitanten zum Arzt weist.* Seht, so schal, elend, neidisch und gottesvergessen sind eure Reden, daß man es mir nicht verdenken könnte, wenn ich einmal die Rute gegen euch gebrauchte, aber ich will mich diesesmal damit begnügen, sie euch über den verstockten Köpfen geschüttelt zu haben und weiter gehen.

Was sagt ihr denn von dem andern Juden, der in G.... selbst getauft worden ist? Ist der etwa auch ein Betrüger? Wie? Nein! Selbst unter euern fertigen Lästerzungen zählt man kaum zwo oder drei, die ihm etwas anzuhängen getrachtet haben. Ja ihr wißt so wenig von ihm, daß ihr nicht einmal sagen könnt, wo er her ist, ein Glück für den armen Mann, sonst würden gleich zwanzig aufstehen und sprechen: *ich habe einen Brief bekommen, worin steht: oder ich habe einen Durchreisenden gesprochen, der hat mir gesagt:* er sei ein unruhiger, sich verstellender Landstreicher; wir sollten uns durch seine Demut nicht blenden lassen, maßen das ja bekanntlich die Tugend aller Schelmen sei; dort würde ein anderer schreien: Recht, das ist er, ich habe ihn in einer Zeitung beschrieben gelesen; er ist aus einem Gefängnis entsprungen. Aber so kann man mit Recht von ihm sagen, was ein sonst gottesvergessener Zweideutigkeitenreißer, sehr schön von einem Unschuldigen sagt: *Die scharfsichtigste Verleumdung kann nicht das kleinste Häkgen an ihm entdecken, um auch nur den geringsten Verdacht daran zu hängen.* Denn ich will um aller Welt willen nicht hoffen, daß ihr ihm als ein Vergehen anrechnet, daß er neulich, als er einen seiner ehmaligen Glaubensgenossen besucht, etwas mitgenommen hat. Mitgenommen, sprechen die Leute, das ist die wahre Sprache der kriechenden, ängstlichen, raunenden Verleumdung, die, wenn sie sonst nichts, sich im Fall der Not zu decken, finden kann, sich im Worte selbst noch einen Schlupfwinkel baut. Warum sagt ihr nicht gleich gerade heraus, *gestohlen.* Aber ich habe Materie genung, ich will dieses ungebraucht liegen lassen und lieber gleich fragen, um kurz von Sache zu kommen: wem hat er es gestohlen? Einem Juden oder einem Christen? Einem Juden, sagt ihr. Also gut. Zeigt aber dieses nicht eine edelmütige Verachtung seiner ehmaligen Glaubensgenossen an? und daß eine wahre Sinnesänderung bei ihm vorgegangen ist? Wer nicht recht bis auf den Boden bekehrt ist, wird immer heimlich seinem alten Glauben anhangen und heimlich seine ehmaligen Brüder lieben. Aber wie edel ist dieses nicht! Nicht einmal so viel würdigt er sie, daß er seinen Fingern Einhalt tut, welches wir alte Christen doch noch selbst gegen die Ungläubigen tun. Sollte man die Tat auch nicht billigen, so ist doch nicht zu leugnen, daß der Anlaß dazu etwas verrät, was man mit den Herrnhutern ein gesalbtes Wesen nennen möchte. Alles übrige, was man von ihm weiß, gereicht ihm zur höchsten Ehre, daß er das Hebräische tief studiert hat; daß er sich auf die Sterne versteht und im Stande ist, ein ehrliches Stück Brod mit Wahrsagen aus den Händen zu verdienen u. d. gl. Mir ist zwar nicht unbekannt, was die heutigen Superklugen und namentlich die Professoren zu G.... gegen sein Hebräisch einwenden: Er verstünde kein Arabisch. Gut, er versteht auch keines, aber dafür ist er ein geborner Jude, und das sind wir nicht. Im Englischen läßt sich vieles durch das Plattdeutsche erklären, lernen deswegen die Engländer Plattdeutsch? Keineswegs. Und am Ende sagt mir, wessen Sprache ist das Hebräische? Des Volkes Gottes. Gut. Wessen Sprache ist das Arabische? Des Volkes des Teufels. Richtig. Aber nun sagt mir ferner ums Himmels willen, muß man, um die Sprache des Volkes Gottes zu erlernen, beim Volk des Teufels in die Schule gehen? Ich weiß wohl, daß wir es tun, aber wenn der Teufel hierunter keine Ränke hat, (sagt nur ich hätte es gesagt) so ist er der Teufel nicht mehr. Er sucht unsere besten Leute alle an diese Grenze zu locken, und auf der andern Seite, wo alles offen ist, auf der Fleisch- und Blutseite, fällt er ein, und fouragiert uns alles weg. Ich will zwar damit nicht in Abrede sein, daß man dem Teufel manches herrliche Schlupfloch mit einer arabischen Etymologie mag verkleistert haben, aber daß es so gar nötig sei, kann ich mir deswegen nicht vorstellen, weil einige Hauptmänner unsrer Kirche nicht einmal das Hebräische verstanden haben. O ich erinnere mich noch immer mit Vergnügen an meinen seligen Herrn Taufpaten, den Herrn Doktor und Konsistorialrat W.... Sie waren der ansehnlichste, liebreichste Mann, hatten eine rechte Segensmiene, eine rechte Gnade im Predigen, und verstunden, wie Sie sich zuweilen, wenn Sie aufgeräumt waren, merken ließen, kein Wörtchen Hebräisch. Ja ich darf kühn behaupten, hat jemals ein Mann die Kanzel und den Beichtstuhl mit Anstand gefüllt, so waren Sie es.

Wieder auf die Gelehrten zu kommen, wer unparteiisch sein will, der muß bekennen, daß sich in unsere Bibelerklärungen ein gewisser schädlicher Luxus eingeschlichen hat, so daß man wünschen möchte, Michaelis, Kennicot und Schultens hätten die Küsten von Arabien nie befahren. Sie haben uns allerlei Leckerbißlein von dorther zugeführt, ohne die sich sogar die Weibsstühle in den Kirchen jetzt nicht mehr wollen abspeisen lassen. Wie viel bequemer und gesünder wäre es, wenn sie uns in unserer Einfalt, bei unserm Roggenkaffee und Gerstenbier, ich meine bei Luthers Übersetzung gelassen hätten, so könnte man sein Gedächtnis auf andere Dinge verwenden, womit dem Menschen mehr gedient wird; die Prediger könnten ihr Geld, das jetzt für arabische Lexika, Reisebeschreibungen und neue Bibelübersetzungen weggehet, in der Haushaltung gebrauchen, ihre Besoldungen würden hinreichen und sie hätten nicht nötig, den ganzen Tag die Arbeitsleute zu hüten oder auf der Zehntwache zu stehen.

Dem sei aber wie ihm wolle, so muß man keinem ehrlichen Menschen vorwerfen, er verstehe etwas gar nicht, wann er es nicht so versteht, wie andere Leute, von denen man weiß, daß sie es verstehen. Denn zwischen dem, ein Ding verstehen und ein Ding nicht verstehen, gibt es viele Klassen, in denen sich 9/10 des menschlichen Geschlechts ganz commode aufhalten. Man könnte, wenn es nötig wäre, aus allen Ständen viele Beispiele von Leuten anführen, die ihr Amt mit Anstand geführt und doch nicht verstanden haben, was dazu nötig ist; also kann es einem keine Schande machen, etwas nicht zu verstehen, das man sich zu verstehen ausgibt, und ist Bosheit, jemanden ein solches menschliches Gebrechen vorzurücken.

Aber, höre ich euch sprechen, *sind die Astrologie und Chiromantie nicht herrliche und einem Christen höchst anständige Wissenschaften?* O ihr Schälke, ich sehe es wohl, daß ihr dieses nur aus Spott sagt, aber höchst alberner Spott ist es. Warum einem Christen unanständig? Glaubt ihr etwa noch, der Teufel mische sich drein? ihr Einfältigen. Der Teufel weiß es so gut als ihr, daß man mit dergleichen Wissenschaften nicht mehr weit kommt, es müßte denn unter den Blöden sein. Nein, wenn er Menschen verführen will, so weiß er es besser anzufangen, er bringt sie zu Mord, Hurerei, zweideutigen Einfällen, Straßenraub, verliebte Komödien, Trauerspielschreiberei, Mordbrennerei oder Verleumdung getaufter Juden; das tut der Teufel, er macht einen Käsebier[1] oder Shakespear[2] aus euch, läßt euch euren Nächsten um das Seine bringen, oder gar lachen machen, wenn er beten könnte, da geht er sicherer. Mit Stern- und Händegucken hat Fleisch und Blut nichts zu schaffen, und ihr könnt mir glauben, wo der Teufel nicht eines von diesen beiden wenigstens zur Decke nehmen kann, da bleibt er gewißlich weg. Nein, wenn ihr denn doch etwas sagen wollt, so sagt lieber, es verrät eine Schwachheit des Verstandes bei dem Juden, und da will ich gerne schweigen, nicht als wann ich euch recht gäbe; gar nicht. Sondern weil mich dieses nichts angeht, hier will ich nur beweisen, daß er ein guter Bekehrter sei und bei Bekehrungen haben wir ja mit dem Verstande nichts zu tun. Ein Lahmer am Verstande kann so gut selig werden, als ein Lahmer am Leibe. Ja man hat durch vielfältige Erfahrung befunden, daß ein etwas stumpfer Verstand, oder die Art Leute, von denen man zu sagen pflegt, sie hätten das Pulver nicht erfunden, zur Bekehrung und geistlichen Behandlung die fähigsten sind. Der Wurm des Zweifels nagt sie nicht und der Geist des Widerspruchs plagt sie nicht.

Übrigens wer hat euch denn gesagt, daß die Chiromantie eine so gar nichtswürdige Kunst sei? Daß man aus dem Gesichte wahrsa-

---

[1] Ein deutscher Straßenräuber.
[2] Ein englischer Tragödienschreiber.

gen könne, ist ausgemacht, und ihr selbst habt manches, was ihr von diesen Neubekehrten sagt, aus ihren Gesichtern geschlossen. Ich war selbst einmal in einer Gesellschaft, wo einer sagte: Sieht der hiesige Jude nicht aus wie Oliver Cromwell und nickte mit prophezeiendem Stillschweigen; wie Richard Cromwell, sagte ein Zweiter, und lächelte sicher; wie Sancho Pansa, sagte ein Dritter, und lachte ganz laut. Geht aber dieses bei dem Kopfe an, so geht es auch bei den Händen an[3] , da bei ganz andern Leuten, als wir sind, die Hände Kopfsdienste tun müssen. Daher liest man häufig von Gespenstern, die ihre Köpfe in den Händen, aber nie von welchen, die ihre Hände im Maule herumgetragen hätten. Unsere Vorfahren, die wahrscheinlicher Weise diese Historien aus weisen Absichten erfunden haben, um in diesen vehiculis schon in der zarten Kindheit durch die Ammen den Kindern allgemeine Wahrheiten beizubringen, haben vermutlich damit sagen wollen, was andere anders bewiesen haben: ohne Hände sei nichts anzufangen, aber der Kopf sei nur eine Art von Hut, den man zwar zuweilen trage, der aber bei den eigentlichen Galabegebenheiten unsers Lebens abgenommen werden müsse. Daher auch die gütige Natur dem Menschen zwo Hände aber nur einen Kopf gegeben hat. Eben so viel und weit mehr noch könnte ich für die göttliche Astrologie anführen, wenn es nicht eine unerlaubte Verschwendung wäre, Zeit und Papier in

---

[3] Der Aufschub, den der Abdruck gegenwärtiger Verteidigung erlitten, setzt mich nunmehr in den Stand, dem Leser sagen zu können, daß ich meine, vor zwei Jahren im Text geäußerte Mutmaßungen und Gedanken, durch den Beifall eines jungen Gelehrten vom ersten Rang, ich meine des Herrn Diakoni Lavaters bestätigt sehe. Es sagt nämlich derselbe in dem 2ten Teil seiner vortrefflichen Physiognomik, daß man aus den Händen den ganzen Mann erkennen könne. Wohlverstanden, er meint nicht bloß, daß man dadurch einen Grobschmied von einem Accoucheur, einen Matrosen von einem Lautenisten, oder einen Blaufärber und Hutmacher von einem Bäckerknecht unterscheiden könne, sondern daß man sehen könne, ob jemand ein Christ oder Antichrist, ein Genie oder Non-Genie, eine Jungfer oder Non-Jungfer, ein Spitzbube oder ehrlicher Kerl sei, das ist, finden, ob einer mit Strichen oder mit Fluxionen rechnet, ob die Hand, die ich fühle, mir etwas in den Hut werfen oder aus der Ficke ziehen will etc. Es ist demnach jener Gebrauch der sich Schämenden, daß sie die Hand für das Gesicht halten, höchst ungereimt, denn die Hände, und nicht das Gesicht, sind die Fenster in der Brust. Es kommt mir dieser Gebrauch eben so töricht vor, als wenn jemand, den man im Hemde überraschte, aus Scham sein Gesicht mit dem Zipfel desselben zudecken wollte.

Verteidigung des Verstandes eines Subjekts gleichsam wegzuwerfen, die man besser zur Verteidigung des Herzens desselben anwenden kann.

Ich hoffe es nunmehr so weit gebracht zu haben, daß wohl nicht leicht jemand unter euch mehr aufstehen und den abgenutzten alten Gemeinort aller Verleumder, womit sie ihren Nächsten anzuschwärzen pflegen, ich meine die höchst zweideutigen und schwankenden Stichelreden von *Stehlen, Betrügen, Landstreichen* usw. gegen meine Freunde gebrauchen werde. Da also dieser Schlupfwinkel abgeschnitten, so hoffe ich euch nun mit Hülfe der Philosophie noch aus dem letzten herauszutreiben. Ihr sagt, es könne nicht geleugnet werden, daß nicht die Beweisgründe, sondern die Mettwürste das beste bei der Sache getan hätten. Einfältig. Als wenn Mettwürste nicht auch Beweisgründe wären. Wenn ihr Logik gehört hättet, so würde ich gerade sagen, ihr wäret Tröpfe, und euch sofort in die Schule schicken; da ihr aber Leute seid, die nicht einmal wissen, wie Leib und Seele aufeinander wirken, ja die zum Teil das Wort Psychologie nicht einmal buchstabieren können, so muß ich euch nur diese Kleinigkeiten erklären.

Daß man Krankheiten der Seele, worunter bekanntlich der ansteckende Papismus und der bösartige Judaismus die fürchterlichsten sind, und wodurch mehr Seelen an einem Sonntage oder an einem Sonnabend hingeraffet werden, als an den schrecklichen Abenden zu Drurylane[4] in einer Komödie oder in einem Ballet; daß man, sage ich, solche Krankheiten nur durch moralische Mittel heilen könne, ist ein Vorurteil, welches unsere alten Seelenquacksalber von einem ähnlichen der gemeinen Quacksalber und Marktschreier hergenommen haben. Diese letzteren haben nämlich lange geglaubt, Krankheiten des Körpers ließen sich nur durch physische Mittel heilen. Wie unsere guten Alten aber in diesem Punkt so lange haben im Finstern herumtappen können, verstehe ich nicht so ganz recht. Denn laßt sie Influxionisten, laßt sie Okkasionalisten, laßt sie Harmonisten gewesen sein, ja laßt sie mein bekanntes Pulversystem[5]

---

[4] Eine Gegend in London, wo ein Gebäude befindlich ist, in welchem unter der Anführung eines berüchtigten Bösewichts, namens Garrick, dem Teufel sechsmal die Woche, göttliche Ehre erwiesen wird.

[5] Hiervon wird unten geredet werden.

gekannt haben, welches zwischen das erste und zweite der oben erwähnten fällt, so hätten sie allemal auf diese Entdeckung geraten müssen. Man hat aber freilich den Grund dieser und mancher andern Oscitanz unserer Väter in der besonderen Einfalt und dem guten Herzen derselben zu suchen, wovon ihnen der Himmel, zum äußersten Nachteil ihres Verstandes und Witzes, doppelte Portion zugemessen hatte. Mit der Entdeckung ist es ohngefähr so zugegangen. Die Ärzte hatten nämlich schon lange bemerkt, daß man, um gewisse Krankheiten zu heilen, die Arzeneien auf die den kranken Gliedern gerade entgegengesetzte Teile des Leibes applizieren müsse. Wenn jemand z. E. ein Brausen in den Ohren verspürte, so steckte man ihm die Füße in laulichtes Regenwasser; hatte der Schlag jemanden auf der rechten Seite gelähmet, so öffneten sie eine Ader auf der linken; hatte jemand die Krätze auswendig auf der Haut, so schmierten sie den Patienten nicht auswendig, sondern inwendig; saß endlich die Seele jemanden auf der Zunge; gut, so legten sie Blasenpflaster auf die Waden. Ja einige gingen so weit, daß sie glaubten, unheilbare Krankheiten könnten ihren Sitz nur in solchen Teilen des Leibes haben, die keine entgegengesetzten hätten, und daß der Tod diejenige Krankheit sei, die den Ärzten seit jeher am meisten zu schaffen gemacht, rühre einzig und allein daher, daß er alle Teile auf einmal so angreife, daß gar keine entgegengesetzten mehr übrig blieben. Dieses war auch die Zeit, da man, wenn die Frau in Kindesnöten war, den Mann in einen Topf blasen ließ, oder daß sich der letztere gar in das Bette legte, wenn die erstere durch eine Niederkunft geschwächt worden war. Nun war nur noch ein kleiner Schritt zu tun, so leicht, daß, so bald er getan war, jedermann gleich sah, daß er ihn auch hätte tun können. Der ihn aber getan hat, ist vergessen, so wie es allen denjenigen braven Männern geht, die ihre Entdeckungen auf der geraden Heerstraße, und nicht auf absichtslos angestellten Streifereien, und von ohngefähr machen. Der Schritt war folgender: Die Seele ist ein dem Körper gerade entgegengesetzter Teil des Menschen, wie also, wenn man alle Krankheiten, namentlich die, deren Sitz in der Fläche liegt, durch welche der Mensch in zwo gleiche und ähnliche Teile geteilt wird, durch eine auf die Seele applizierte Kur zu heilen suchte? Und umgekehrt, Krankheiten der Seele durch Mittel am Leibe. Seht, dieses ist die ganze, simple Theorie der Heilart, von der ich jetzo etwas mehreres gedenken werde. Einen recht herrlichen, gründlichen und dabei faßlichen Beweis von der Richtigkeit der Heilart selbst, bei Krankheiten, des Leibes so wohl, als deren gehörigen Übertragung auf die Krankheiten der Seele, gibt das Beispiel von den beiden zusammengewachsenen Mädchen, wovon man in zween, sonst unter uns Geistlichen unbekannten Büchern, ich meine in den Transactionibus philosophicis und in Herrn Reimari, eines Weltlichen, Buch von der natürlichen Religion, Nachricht findet. Die Sprüchwörter, oder die Philosophie der Toren, spricht zwar den Gleichnissen die Stärke eines Beweises ab, omne simile claudicat, sagen sie, ferner similia illustrant non probant, welches einer von uns, aber ein Scandalum ecclesiae, der Präbendarius Sterne zu Yorck νυν εν γενα του πυοσ; nach seiner skurrilen Unart durch: *Brillenwischen ist noch kein Syllogismus*, übersetzt. Aber was hat man sich um solche Possen zu bekümmern, man muß ihnen nicht einmal die Ehre antun, sie wegzuräumen, wenn sie über den Weg hinliegen, sondern gelassen und frisch zu marschieren. Diese Mädchen waren das vollkommenste Ebenbild von Leib und Seele, das man seit der Schöpfung gesehen hat. Durch diese Erscheinung hat gleichsam die Seele den Weltweisen nach einer Blockade von ein paar tausend Jahren, die Schlüssel zu ihren Geheimnissen präsentieren müssen. Diese Mädchen waren von Jugend an zusammengewachsen, wie Leib und Seele; eine war munterer, geistiger Natur und stellte die Seele, die andere träg und schläfrig und stellte den Körper vor. Sie halfen sich wechselsweise, wie Leib und Seele, und lagen sich zuweilen einander in den Haaren wie, mut. mut. Leib und Seele auch. Zuweilen wollte die eine dahinaus, wenn die andere dorthinaus wollte, da denn die stärkste die andere auf den Buckel nahm und hinging, wo sie hin wollte, so wie wir an Leib und Seele sehen. War Helena lustig, flugs war es Judith (so hießen sie) auch; hingegen ließ Lenchen den Kopf hängen, so hielt ihn Jüdchen auch nicht mehr. Doch hatten beide auch eigene Krankheiten, und da hat man denn folgendes befunden. Wenn Jüdchen sich den Magen überladen hatte, so wurde Lenchen purgiert, hingegen schlug man Jüdchen eine Ader, wenn Lenchen über Wallung klagte. Verfuhr man anders, so wurde der einen nicht allein nicht geholfen, sondern die andere wurde auch krank. Die Ursache davon liegt am Tage, denn daß Kuren Krankheiten sind, kann man außer den schönen Beweisen, die Herr Unzer in seinem Arzt für diesen Satz anführt, allein schon daraus sehen, daß man daran sterben kann. Hatte nun eine von beiden schon eine Krankheit, und man kam mit noch einer angezogen, so mußte allerdings die Verwirrung so groß werden, daß sie sich auf die andere erstreckte. Aus diesem allem gehörig zusammen genommen, erhellet nun sonnenklar, daß man bei Seelenkrankheiten die Mittel auf den Leib applizieren müsse. Ja wenn man die Alten nachschlägt, so findet man, so wie überhaupt von allen unsern leidigen Entdeckungen, schon Spuren dieser Heilart, die schon ihren bloß natürlich guten Köpfen nicht entwischt ist. Die Rute ist nämlich schon seit jeher als das kräftigste Mittel gegen einige Krankheiten des inneren Kopfs bekannt gewesen. Freilich hat diese ihre besondere Wirksamkeit auch dem doppelten Gegensatz zu danken, der bei ihrem Gebrauche statt findet. Denn erstlich wird sie nicht bloß auf den Leib, als das Entgegengesetzte der Seele, sondern auch auf einen solchen Teil des Leibes appliziert, der dem Kopf, als dem Sitze derselben, gerade entgegen gesetzt ist, zumal wenn der Mensch im natürlichen Zustand ist, und auf allen Vieren geht. Vom Irrtum abbringen heißt aber bekehren, also bekehrte man schon lange durch körperliche Mittel. Ja in dem klugen England sind daher täglich an die 1000 Hände beschäftigt, selbst erwachsene Herzoge und Lords auf diese Art zur Wahrheit zu führen und von der angebornen Unart abzubringen. So wie man aber nicht alle Krankheiten mit Rhabarber und China heilt, sondern auch zuweilen wahre Leckerbißlein, Zunge-, Magen und Herz stärkende Tropfen, warme, kräftige Brühen und wohlriechende Aufschläge gebrauchen muß, so eben auch hier. So versprechen die gelehrten Gesellschaften 50 Dukaten demjenigen Körper, dessen Seele die beste Abhandlung über eine gewisse Materie liefert, und heilen dadurch oft die Schlafsucht, in welche die Seelen eines ganzen Distrikts verfallen waren; die Gefäße eröffnen sich, die Ideen sammlen sich und die Schlüsse ergießen sich. So könnte ich mit leichter Mühe hundert Beispiele anführen, allein was dem Schriftsteller gar zu leicht wird, muß er dem Leser überlassen. Ich fahre also in der Hauptsache nunmehr wieder fort.

Ich habe nämlich die Antwort auf die Frage: ob die Bekehrung, die durch Mettwürste geschieht billig und rechtmäßig, ob solche Christen für echte zu erkennen, oder ob sie, wie die Prinzen vom Berge Libanon, oder wie die Greifswaldischen Magister zu Upsal, nicht für voll, anzusehen seien, dahin gebracht, daß nur ein Unmündiger oder Verstockter noch an der Gültigkeit solcher Christen zweifeln kann. Denn ich will nicht hoffen, daß ihr euch an dem Worte Mettwurst stoßet, alsdann könnte ich euch wiederum eure kindische und recht läppische Art zu denken vorrücken, denn während als ihr andre verlacht, die sich durch Mettwürste haben bekehren lassen, laßt ihr euch selbst durch den Schall des Worts Mettwurst verleiten, die Schwere eines überwiegenden Arguments nicht zu fühlen. Welches ist ärger? Sprecht ihr Kurzsichtigen, wenn ihr anders gefaßt habt, was ich euch gepredigt habe. Doch aus Liebe zu euch, aus Mitleiden mit eurer Blödsinnigkeit und weil ihr von dem Commercio animae et corporis gänzlich nichts wißt, nehme ich mir die Mühe, euch etwas in die Seelenlehre zu führen, ob ich gleich weiß, daß solche Sachen selten begriffen werden, wenn sie nicht zur Zeit des leidenden Studierens erlernet werden, so lange sich nämlich der Probierstein, auf den im Alter alles gestrichen werden soll, noch selbst ein wenig nach den Sachen bequemt.Wenn ich sage, daß jemand durch eine Mettwurst auf eine bessere Meinung verleitet werden könne, so verbinde ich damit keinen so rohen Begriff, als ihr vielleicht denkt. Ich meine nicht, daß ein Geruchteilgen, das sich von der Wurst losreißt, durch einen Stoß die Seele auf andere Gedanken bringen könne. Dieses sind rohe, sündliche Ideen, die von Anfang zwar der Einbildungskraft etwas schmeicheln, aber ehe man sich es versieht, so steht man in der Mitte zwischen Lamettrie und dem Teufel. Ein körperlicher Stoß ist noch kein geistischer Bewegungsgrund. Wenn Geruchteile durch ihren Stoß den Gedanken hervorbringen könnten, oder der Gedanke die Bewegung wäre, so müßte umgekehrt der Gedanke die Geruchteilgen wieder stoßen können; mit einem Wort, man würde in den meisten Fällen riechen können, was die Menschen denken, und so mit andern Sinnen. So ist es nicht. Es sind zwar von der Nase bis an die Seele, vorausgesetzt daß sie zu Hause ist, etwa drittehalb Pariser Zolle, wenn man zwischen allen Meinungen ein arithmetisches Mittel nimmt. Aber, wohlverstanden, jenes bleibt immer die erste, und dieses die letzte Instanz, und nichts kann doch weiter von einander sein, als das erste und das letzte. Ich stelle mir die Sache so vor (und dieses ist mein oben erwähntes System, welches ich, wegen des Anlasses zur Erfindung, das Pulversystem gennenet habe). Alle Entschlüsse, von dem sich selbst zu ermorden, an gerechnet, bis zur Selbstvergötterung und allen unendlich vielen dazwischenfallenden, liegen in der

Seele, so wie der aër fixus im Schießpulver, und so wie diesen ein einziges Fünkgen lösen und die fürchterlichsten Würkungen hervorbringen kann, so eben auch da. Ihr berührt mit einem kleinen Finger den Drücker einer Flinte und ein Schwein sinkt in den Staub. Eine Wurstpartikel trifft den Geruchnerven eines Juden, und der Jude wird bekehrt. So glaube ich liegt in allen Juden der Entschluß, sich taufen zu lassen, nur das Fleckgen, wo das lösende Fünkgen auffallen muß, ist uns verborgen. Bald ist es hier, bald dort, ja bei diesem Menschen anders als beim andern, der gerät in Flammen durch leibliche, der durch geistische Zündmaterialien. Ich verbitte mir alle Einwürfe, und versichere, daß ich sie alle heben kann, aber es erfordert mehr Zeit, als ich darauf zu verwenden verbunden bin, da überhaupt diese ganze Ausschweifung ein Leckkuchen ist, den ich euch aus väterlicher Liebe vor eure lose Mäuler halte, und den ich ganz hätte können stecken lassen. Weil ich aber aus vielfältiger Erfahrung weiß, daß der Ungläubige einen Beweis in geistlichen Dingen nicht glaubt, wo er nicht die Sache auch im Weltlichen wahr findet, so will ich noch ein Beispiel anhängen von einer sonderbaren Seelenwürkung, welcher durch einen physischen Stoß, nach meinem Pulversystem, Luft gemacht worden ist, woraus ihr zugleich sehen könnt, wie wunderbar zuweilen die Natur bei einem Menschen, das zu einem Entschluß gehörige Zündloch angebracht hat, so daß ich glaube, daß eine vollständige Theorie dieser Zündlöcher der höchste Flug des theorisierenden Menschen wäre, wogegen des albernen, oberwähnten Präbendarii Sterne, mit so vielem prahlerischen Wörterkram versprochene Theorie von den Knopflöchern, wahres Kehricht und Sentinisches Gewäsch sein müßte. Die Geschichte ist die: Warum der Mond ohne Nagel und Strick dort oben hängt, ohne uns auf die Köpfe zu fallen, wenn wir drunter weggehen, hat ein alter Inspektor bei der Münze zu London erraten, als ihm einmal ein Apfel, der nicht größer als eine Faust war, von einem Baume auf die Nase fiel. Nun haben die Philosophen über diese Materie seit jeher schon in ihren Nasen gegrübelt, auswendig dran gegrübelt, den Zeigefinger daran gerieben, die ganze Nase in ein Buch gesteckt, sie wieder herausgezogen, in die ganze Hand genommen, Brillen darauf gesetzt, sie an die Tubos angestoßen, ja gar, wie Thales und Bianchini, bei der Nacht beim Observieren gestolpert und drauf gefallen, und doch haben sie das Fleckgen nicht getroffen, vermutlich weil es bei allen diesen Leuten nicht auf der Nase gelegen hat. Hier bei diesem Manne war die Entdeckung gemacht, so wie der Apfel die Nase berührte. Fühlt ihr nun die Stärke der Demonstration. Ob ich aber gleich gezeigt habe, wie eine solche Bekehrung als gültig ohne weitere Probe zu erkennen sei, so müßt ihr wissen, daß es doch teils noch feiner mit der Bekehrung zugegangen sein kann, und wie ich aus gewissen Umständen schließen kann, würklich zugegangen ist, teils auch die Leute keine Vorwürfe verdienen würden, wenn es auch noch gröber und körperlicher zugegangen wäre. Nun habe ich euch zwischen zwei Feuern und außerdem könnte ich euch noch in die Luft sprengen. Ich sage es euch voraus, entgehen könnt ihr mir nicht mehr, ihr mögt gelindere Saiten aufspannen oder gröbere, oder auf den alten fort fiddeln. Laßt einmal sehen, was ihr anführen könnt, zu beweisen, daß die Würste nicht die Veranlassung, sondern die Hauptursache gewesen wären. Der eine Jude, sagt ihr, und meinet den hiesigen, habe sich gar nicht halten können, und lange vor der Wiedergeburt Wurst gegessen, damit habe sich der Betrüger verraten. Schweigt mit den satyrischen Beinamen stille, sage ich euch, könnt ihr denn keinen Menschen anklagen, ohne solche schielende Ausdrücke zu gebrauchen? Ich sage, die Handlung ist edel. Wurst essen ist eine christliche Handlung, wozu ein neubekehrter Jude am ersten Gelegenheit, zumal in G..... findet, wo man in allen Häusern welche antrifft. Hingegen zur Ausübung anderer Pflichten eines Christen, als z. E. der allgemeinen Menschenliebe, Verträglichkeit, und zur Erfüllung des Alles was ihr wollet daß euch die Leute tun sollen pp, dazu sitzen die Gelegenheiten nicht so dick, ja es hat wohl eher graubärtige Christen, und selbst welche unter uns Geistlichen gegeben, die in ihrem ganzen Leben nicht ein einziges Mal dazu haben Gelegenheit finden können. Ich glaube noch immer, die Würste waren eine Nebensache, denn haben sie nicht alle beide ihr Glaubensbekenntnis mit dem gehörigen Gesicht abgelegt? oder sie sind just der unendlich kleine Ausschlag gewesen, der noch nötig war, die schon bereits sinken wollende Schale nieder zu drücken, und da ist eine Wurst allemal etwas, so lange man nicht beweisen kann, daß sie gar nichts ist. Ich stelle mir vor, der Jude fand eine Gleichheit der Gründe für beide Religionen, ich schließe dieses aus dem Gesicht, das er einmal machte, als er mir auf einem einsamen Spaziergange begegnete, und nun hing er zwischen zwo Religionen wie Buridans Esel zwischen zwei Heubüscheln, hier kamen die Würste auf unsrer Seite dazu, nun drehten sich erst die Augen, dann der Kopf und so war es geschehen. Ohne diesen Umstand hätte er zwischen zwo Religionen unschlüssig hängen können, bis ihn der Teufel abgeschnitten hätte.

Gesetzt aber auch, das wäre alles nicht gewesen, die Würste sollen ihnen einmal weder die Augen zum Beweis geöffnet, noch auch zum Anlaß gedient haben, ihr Licht leuchten zu lassen, sondern sie sollen schlechtweg dadurch bewogen worden sein, Christen zu werden, ist denn das so etwas gar Entsetzliches? Ich sehe es nicht ab.

Denn für das erste, so heißt Bekehren so viel als Werben. Daher auch der berühmte St. Whitefield in England einmal einen Tambour, der die Werbetrommel in der Gegend schlug, wo Er selbst, mit Butlero zu reden, die Werbekanzel rührte, einstmalen so anredete: Höre, guter Freund, wir werben beide, du für deinen König, ich für meinen Erlöser, laß uns, uns einander nicht um unsre Rekruten bringen. Selbst der Tambour fühlte die ganze Schwere dieser Ähnlichkeit, und ging so weit weg, daß weder St. Whitefield seine, noch Er St. Whitefields Trommel hören konnte. Wenn aber nun Bekehren Werben heißt, so bedenkt einmal selbst, wie viel Rekruten würde der König von Preußen in den Schlesischen Kriegen bekommen haben, wenn er sie durch lauter deutliche Vorstellungen seiner gerechten Ansprüche auf Schlesien hätte anwerben wollen? Antwort: Vielleicht gar keine. Gründe sind nicht für jeden Magen. Aber so wurde der eine mit Gewalt, der andere mit List, ein dritter mit Geld, ein vierter mit Branntewein, der fünfte mit Versprechungen zur Erkenntnis des Systems der Ansprüche geführt. Die Überzeugung war da, und wenn der Kerl hieb, so sah man dem Säbel nicht an, ob die Kraft, die ihn führte, aus dem Kopf oder aus dem Magen kam. Ja, unter uns Protestanten gesprochen, wenn wir nicht, wie andere Christen, anfangen, besseres Handgeld zu geben, und weniger Vernunftschlüsse gebrauchen, so werden wir nicht allein keine Rekruten mehr machen, sondern unsere Leute werden uns durchgehen wie die Holländer.

Für das zweite heißt Bekehren so viel als Umkehren, das ist, das Ende A hinbringen, wo vorher das Ende B gewesen war. Von der Art, wie solches zugegangen, kommt und gehört nichts in die Definition, und es verrät Unverstand, wenn man es hineinbringen will, oder müßige Neugierde, wenn man von einem Dinge, das man umgekehrt haben wollte, das man einem auch umgekehrt hat, noch wissen will, auf was Art man es umgekehrt habe.

O wollte nunmehro der Himmel, daß dieses eure Einwürfe alle gewesen wären! daß ich jetzo abtreten könnte, da ich euch euren Unverstand, müßiggängerische Bosheit, philosophische Kleinmeisterei, Unerfahrenheit und Schalkheit genugsam vor die Augen und die Nase gelegt habe! Aber noch darf ich nicht schweigen. Bisher habe ich den sanften Pflichten eines Advokaten obgelegen, nun beobachte ich die strengeren und herberen eines Richters. Bisher hat Gottes Langmut aus meinen Vernunftschlüssen gelächelt, nun, Würmer, höret seinen Donner. O! die Stunde eurer Geburt wollte ich segnen und den Tag eures Todes in der Asche begehen, wäret ihr bloß dumm und unverständig, vielleicht wäret ihr doch fromme Bürger. Aber so merke ich, daß die Seuche der Freidenkerei und des Leichtsinns, ja daß der sogenannte schlichte Menschenverstand, und sogar die satanische Unterscheidung der Begriffe Theologe und Gesandter Gottes, die doch einerlei, in eure Werkstätte eingedrungen sind. Aber der Geruch eurer Bosheit ist zu uns und zum Himmel gestiegen, dessen Boten wir sind – wartet – der Zorn wird über euch kommen. Haben gleich unsre protestantischen theologischen Fakultäten keine Schwerter und keine Flammen, wie die theologischen Fakultäten zu Mexiko und Japan, so sind wir dennoch schrecklich, unser gelähmter weltlicher Arm ist noch immer stark genug, solche Insekten zu zerknirschen, und solchen Mücken zu wehren. Wißt ihr wie? Ein Federstrich macht euer Vergehen zu Straßenraub und Gotteslästerung; ein Fältgen im Gesicht zur Stunde gezogen, eine Achsel im Audienzsaal gehörig gezuckt, ein Seufzer mit Bedacht eingeschaltet, fällt eurer steigenden Beförderung in die Flügel und macht euch zu ewigen Hofmeistern, ewigen Advokaten oder ewigen Musketiern. Zittert hierbei und denket nach.

Ich werde warm. Dem Himmel sei es tausendmal gedankt, daß ich es noch werden kann. Welcher rechtschaffne Kandidat wird es nicht werden, wenn er eine Rotte blinder Lottersünder sprechen hört: (Mit Abscheu wiederhole ich die Blasphemien) *Man solle gar keine Proselyten mehr machen; ein rechtschaffner Mann bleibe bei seiner Religion, oder ändere sie vor Gott allein, heimlich und ohne Pomp; Lavater*

habe seinen Unverstand und Mangel an philosophischer Welt verraten,
daß er mit Mendelssohns philosophischer Ruhe, als mit seinem Eigentum
ungebeten gespielt, und diesen Weisen habe bekehren wollen; Er habe sich
durch sein langes Gucken in die Ewigkeit die Augen ganz für den zeitli-
chen Horizont verdorben; Er solle, statt solche Dinge zu unternehmen,
lieber zu seiner eignen höchstnötigen und nicht lange mehr aufzuschieben-
den Kur, ein kühlendes weltliches Buch lesen, z. E. den Appollonius von
Kegelschnitten, und was dergleichen unverschämte, minute, zotenartige
Tiraden mehr sind.

Was? keine Proselyten mehr machen? Keine Seelen mehr retten?
Wißt ihr, was die Folgen sein würden? der Teufel würde Proselyten
zu Tausenden machen. Atheisterei, Toleranz, geistliche Anarchie,
allgemeiner Umgang mit Juden, Heiden und Heidamacken, würde
daraus entspringen. Einen Juden, der ein natürlich ehrlicher Mann
wäre, würde man für seinen Nebenmenschen ansehen, ja gar vielleicht manchem Christen vorziehen. Es ist ohne Schauder nicht
daran zu gedenken. Aber lieb ist es mir doch in gewissem Betracht.
Ich habe schon ein decennium vorausgesehen. Das sind die Folgen
von eurem verfluchten Studium des Altertums, von euren geheimen Geschichten des Herzens, von eurer Seelenanatomie und Phy-
siologie, von euren feinen Pädagogiken, euren mathemathischen
Naturlehren und populären Art euch auszudrücken, daß wir nun
eine Nordwestliche Durchfahrt zum Teufel entdeckt haben, worauf
sich jetzt jeder Schafskopf in seinem Schlafrock selbst hinfinden
kann. Zeigt mir, wo haben unsere Vorfahren solche Reden geführt,
sie haben sich um ihrer Hände Arbeit bekümmert, aber wenn sie an
uns und an die Religion gedachten, da war ihr Wahlspruch: zittere
und bete an, und nicht wie jetzt: *denke und untersuche*, und ich möchte fast hinzusetzen: und *fahre zum Teufel.*

Ein rechtschaffener Mann ändere seine Religion gar nicht, *oder*
doch nicht mit Pomp. Ist das nicht schändlich? Wißt ihr auch, Leute,
daß die Hölle auf solchen Reden steht? Antworten auf solche Blasphemien gehören nicht für die Kanzel und den Katheder, sondern
für das Rad und den Block, welche die Lauigkeit unsrer Vorfahren,
leider! zu weit von der Kanzel abgerückt haben. *Nicht mit Pomp.*
Pomp! Was war denn für Pomp bei der Judentaufe? Nicht mehr als
bei einer Magisterpromotion, und kaum so viel. Aber Opponenten
hatten sie genug, höre ich einige sprechen. O ihr Wölfe in Schafs-

kleidern, meint ihr, ich sähe nicht, daß dieses ein witziger Einfall sein soll? Aber auf Witz lasse ich mich nicht ein; wenn ihr kämpfen wollt, so nehmet Waffen wie ich, und kommt herauf, damit man Ehre davon hat, wenn man euch in den Staub legt.

Und du guter Lavater, wie haben sie dir mitgespielt. Ich weiß es wohl, was dich antrieb, deine Briefe und deine Vorreden zu schreiben. Es schmerzte dich längst, so gut wie mich, daß es Christen gibt, die noch jüdische Bücher über die Unsterblichkeit der Seele lesen können. Der Schande! Als wenn man von einer Judenseele auf die unsrige schließen könnte. Ich weiß es wohl, daß du dich schon im Geiste die Stütze der christlichen Kirche und den unsterblichen Bekehrer Mendelssohns wirst haben nennen hören. Ich sehe gar zu deutlich, wie sehr es dich schmerzen muß, da dir nun alles mißlungen ist, ja da du, wiewohl unschuldiger Weise, die Sache schlimmer gemacht hast, als sie vorher gewesen war, indem mancher Jude, der uns noch wohl einmal gekommen wäre, es jetzt brav wird bleiben lassen. Denn wie viel Nachdenken ist jetzt den andern Juden durch diese Standhaftigkeit des weisesten unter ihnen, erspart worden, ja eine rechte Stütze ihrer Hartnäckigkeit, die gegen alle unsere Exempel von Judenbekehrungen aushält, haben sie jetzt dadurch erhalten, denn sagt, welcher Jude kennt seine und unsere Religion besser, als Mendelssohn (unsere Proselyten nehme ich der Erleuchtung wegen aus). Welcher Jude unter den lebendigen, führt eine so feine Waage, Gründe abzuwägen, als er? Und wiegt nicht ein Kopf voll bon sens ganze Herzen voll Wärme, voll frommer Glut und voll redlicher Absichten, auf? Ja, es muß dich, teurer Freund, um so mehr betrüben, da dir deine schöpferische Einbildungskraft noch alle jene Vorstellungen mit Farben der Engel ausgemalt haben wird; ich kann mir vorstellen, daß du selbst da Göttersprüche in der Hofsprache des Himmels zu reden geglaubt haben wirst, wo Mendelssohn nur gutes schweizerisches Deutsch und gute warme Absichten sahe. Desto mehr, teurer Märtyrer, schmerzt es mich, da du von vielen für einen ohnmächtigen Enthusiasten gehalten wirst, daß du dich so betrogen findest. Habe aber Dank von mir, du wirst dereinst, wenn du in penetrabelm Licht wandeln, und durch Krystallinsen, deren Brennpunkt du selbst berechnet hast, in die Ewigkeit hinausschauen kannst, reichlich dafür belohnt werden. Dann wirst du das Vergnügen, das du jetzt oft zwischen Wachen und Schlafen empfindest, ganz wachend, mit starken Nerven durch alle Poren einsaugen, daß nicht so viel verloren geht, als in der Hölle oder in dem Cabinet eines Meßkünstlers anzutreffen ist. Es ist aber unstreitig eine Schande unsers Zeitalters, daß man so viel warme Religion in einem so jungen Manne verkennt. Bei dem geringsten Spruch aus der Bibel verfällt er in geistliche Zuckungen, scheint im Meer der ewigen Wonne zu schwimmen, und in nie gefühlte Empfindung aufgelöst, spricht er, und mit dem Unaussprechlichen schwanger, wallt sein sterblicher Ausdruck daher, so daß man leicht, an einem schönen Abend, die Schwingungen fängt und in einer andächtigen und unaussprechlich heiligen Entzückung wegdämmert. Ihr Philosophen solltet es nicht einmal dulten, daß man ihn verkennt, sagt, wo findet ihr, daß ich eure Sprache rede, mehr psychologischen Stoff, als in des frommen Mannes Aussichten in die Ewigkeit. Mir graute zuweilen, wenn ich ihm nachsah; auf der Scheidewand, wo sie am dünnsten ist, zwischen Wahnwitz und Vernunft, läuft er euch hin, wie wir auf der gleichen Erde, und kommt selten ohne eine Ladung des Unsäglichen wieder zurück. Ich sage, er ist und bleibt ein außerordentlicher Mann.

Daß unsere Proselyten seinen Beweisen vieles zu danken haben, habe ich auf dem Titel allein anzuzeigen für nötig erachtet, indem dieses den Juden niemand zur Last leget, und ich habe lieber das Publikum, das es glaubt, so gerade dabei lassen, als durch Beweise, daß es würklich andern sei, der leidigen Zweifelsucht einen Plan in die Hände spielen wollen, nach welchem sie auch von dieser Seite uns zu weitläuftigern Äußerungen bringen würden, als die ganze Sache wert ist, da wir einmal, wie ich hoffe, die Rechtmäßigkeit, Aufrichtigkeit, das ungeheuchelte Wesen und die Sinnesänderung unserer Neugebornen in das klarste Licht gesetzt haben.

Ich wende mich nunmehr noch zuletzt zu euch, meine Freunde und Brüder. Glaubt nicht, daß ich durch den Timorus etwas von euch oder euren Bekehrern zu erhalten trachte. Meine Absichten sind rein, völlig frei von allem Eigennutz und finden ihre Belohnung in eurer künftigen Sicherheit vor allen müßigen Verleumdungen. Sowohl die feinere, die um den Kaffeetisch lebt, als ihre grobe Schwester, die an den Ecken der Gassen steht, wird die Hand auf den Mund legen. Wäre ich bei euch geblieben, so hätte ich meinen Namen gewiß verschwiegen, um euch die allezeit erniedrigende

Mühe der Danksagung zu ersparen, da ich aber gewiß weiß, daß ich vor Bekanntmachung dieser Schrift nicht mehr bei euch sein werde, so habe ich es nicht unterlassen wollen. Ehret mich aber ja nicht mehr als andere Christen, oder schließet mich nicht allein in euer Gebet ein. Denn der beste Teil der Stadt denkt so von euch wie ich, der ich nur ein schwaches Werkzeug abgegeben habe, ihre Gesinnungen der schlimmeren Hälfte mit Ernst und Nachdruck bekannt zu machen. Nachdruck in dem Verstande genommen, worin wir es nehmen, nämlich da wir, wenn die Widerlegung mit Gründen geschehen ist, noch hinten nach mit Eifer drücken.

Zum Zeichen, daß ich es gut mit euch meine, und um selbst einige eurer Feinde zu nötigen, euch Gutes zu tun, so habe ich die Veranstaltung getroffen, daß das für diese Verteidigung einkommende Geld euch unverzüglich zugestellt werde. Wachset im Glauben.

Geschrieben zu G....
im August 1771

Epistel an Tobias Göbhard

in Bamberg über eine auf
Johann Christian Dieterich
in Göttingen bekannt gemachte Schmähschrift

Vorerinnerung des Herausgebers

Nachstehender Brief ward eigentlich von dem Verfasser nicht zum Druck bestimmt, sondern sollte auf der Post dem Manne zugeschickt werden, an den er hauptsächlich gerichtet ist. Aber auch dieses geschah nicht, und der Verfasser begnügte sich bloß denselben einigen Freunden vorzulesen, unter deren Anzahl sich der Herausgeber befindet, lauter Personen, denen Göbhards Schmähschrift bekannt war. Da aber der Göbharde, zum großen Nachteil der Schriftsteller sowohl als der ehrlichen Buchhändler, mehr sind, als man glauben sollte, und dieser Brief einige derbe Wahrheiten gerade in dem Ton gesagt enthält, den dieses Gesindel allein versteht, das übrigens als vogelfrei für die Schriftsteller keiner Achtung und Schonung wert ist: so glaubt der Herausgeber weder den Unwillen des Verfassers noch den Undank des Publikums zu verdienen, wenn er ihn auf diese Art nicht an Einen Göbhard, sondern an alle gelangen läßt.

Friedrich Eckard

Ew. ** haben recht getan, daß Sie dem Werkchen, das neulich bei Ihnen gegen Herrn Dieterich in Göttingen erschienen ist, keine Aufschrift vorgesetzt haben. Die Büchertitul wären gänzlich entbehrlich, wenn man sie allezeit so glücklich, wie dort geschehen, durch Unterschriften zu ersetzen wüßte. Die Unterschrift sagt nämlich bei jenem Büchelchen alles mit *zwei Worten*, was der Leser in demselben zu suchen hat: *Lügen, äußerst schlecht erfunden, und nochschlechter gesagt; abgenützte Jesuiten-Kniffe, mit einem Grad von Dummheit wieder gebraucht, der in unsern Gegenden von Deutschland unerhört ist; Verteidigung von Betrug und Dieberei auf jeder Seite, in einer Art vom Babel vorgetragen, wie es sich für eine solche Sache, und in einer Sprache, wie sie sich von einem solchen Verteidiger erwarten läßt –;* und diese zwei Worte sind Ihre, des Verfassers, Namen: *Tobias Göbhard*. Beschuldigungen, mit diesem Lügenzeichen gebrandmarkt, würde kein ehrlicher Mann Glauben beimessen, auch wenn sie gegen streitige Ehrlichkeit und schwankenden Kredit gerichtet wären; aber was soll man gar sagen, da sie Dietrichen treffen sollen, der durch seine bekannte Ehrlichkeit, die noch täglich von Betrügern von allerlei Stand gemißbraucht wird, mehr verloren hat, als sie durch ihre Spitzbübereien je gewinnen werden? Also wozu meine Widerlegung, da schon eine so herrliche in Ihrer Unterschrift steckt? Ich bekenne es gerne, die Korrespondenz, womit ich Sie beehre, hat wenig Aufmunterndes für mich. Ich schreibe an einen Mann von solchen Gesinnungen und solchem Fell, daß von ihm Ehre gar nicht, und Besserung kaum zu erwarten steht; wider eine Klasse von Menschen, die außer Betrug und Gewinn nichts aufmerksam macht, und sicherlich außer Peitsche und Pranger nichts bessert; und endlich wider eine Sache, bei deren Widerlegung sich sonst noch Witz und Scharfsinn anbringen ließ, bis Sie nun durch ihre unehrliche Verteidigung auch diese schändlich leicht gemacht haben. Die Ursache, warum ich Ihnen schreibe, muß ich Ihnen also in wenig Worten erklären. Es ist nicht Privat-Interesse, denn ich bin weder Buchhändler noch Schriftsteller, aber ein warmer Freund von beiden, und was Sie wohl kaum glauben werden, unter allen denen, die Sie und Dietrichen in diesem Lande kennen, vielleicht der einzige, der noch erträglich von Ihnen denkt: und da sollte dieser Brief ein Versuch sein, zu erfahren, ob man Sie ferner zu Ihrer Besserung noch gehen lassen soll, oder ob es nun schon bereits Zeit sei, ein so fettes Stück, wie Sie, endlich zum allgemeinen Besten deutscher Schriftsteller mit einem derben Streich am Altare des Apoll zu schlachten, denn ein Vertrauter dieses Gottes hat mir gesteckt[6] , daß er solche Opfer mit unter die größten Leckerbissen zähle. Auch dieser ehrlichen Absicht haben Sie es zuzuschreiben, daß ich Ihren Lügen und schimpflich schlechten Argumenten noch dieses Mal mit einigem Ernst und einem Anstand begegne, der, so frei er auch, gegen jeden andern gebraucht, scheinen möchte, gegen Sie immer einer Zurückhaltung ähnlich sehen muß.

---

6 Kallimachus indem er sagt: Τερπιουσιν λιπααι φοιβον ονοοφαγιαι. Delectant pinguia Phoebum asinicidia.

Doch ehe ich mich auf Ihre Verteidigung des Nachdrucks einlasse, muß ich erst die ungeschickte Blendung von Lügen wegräumen, die Sie ihr vorgeschoben haben. » *Dieterichs Preise seien unerhört,* sagen Sie, und führen zum Beweis an, daß er Herrn von Sinds Stallmeister, den er für 6 Taler verkaufe, Trattnern für 2 Taler überlassen habe, sobald ihm derselbe mit einem Nachdruck gedroht: ferner, daß er für ein Buch vom Herrn Prof. Feder, worüber der gegenwärtige Streit entstanden ist, 1 Rtlr. 16 Ggr. fordere, das Sie im Nachdruck *genüglich* für 1 Rtlr. verkaufen könnten.« Wenn Dietrich auch nur zuweilen seine Käufer übernähme, oder sich nur nicht so vorzüglich durch geringe Preise, zumal bei ausländischen Werken, auszeichnete, so wollte ich Ihnen verzeihen, daß Sie einen an sich wahren Satz einmal durch ein erlognes Beispiel hätten bestätigen wollen: allein so ist, ganz in der Göbhardischen Manier, beides Satz und Beweis erlogen. Denn ich kann, glaube ich, getrost alle ehrliche Deutsche, von denen Sie und Ihre Bande, versteht sich, ausgeschlossen sind, auffordern, ohne einen Einspruch zu befürchten, mir ein Buch zu nennen, das Dieterich teurer verkauft hätte, als andere *ehrliche Buchhändler*: hingegen könnten ich und meine Freunde, wenn es verlangt würde, Bücher genug nennen, die uns Dieterich für *fünf* lieferte, wenn andere *sieben* forderten. Allein seinen eignen Verlag verkauft er unerhört teuer, sagen Sie. Gut. Also nun zu Ihren Beweisen. Es ist wahr, Dieterich verkaufte Herrn v. Sinds Stallmeister den Buchhändlern für 6 Taler, aber mit dem bekannten Rabatt von 33 1/3p.C. das ist, für vier. Dafür erhielten ihn alle; die unehrlichen so gut, als die rechtschaffenen, Göbhard so gut, als Nicolai und Reich; dafür, und um keinen Pfennig geringer, erhielt ihn auch Trattner. Was aber diesen bewog, Dietrichen mit einem Nachdruck zu drohen, (übrigens wie ich zu Trattners Ehre bekennen muß, so freundschaftlich, als es sich nur drohen läßt) war nicht die Höhe des Preises, sondern die Art der Bezahlung. Dieterich verlangte bares Geld, und Trattner wollte Bücher geben, die jener damals nicht nützen konnte. Als endlich nach drei oder vier Briefen, worin Trattner von nachdrucken sprach, auch einer kam, worin wirklich ein Bogen des Nachdrucks lag, so wendete sich Dieterich an seinen nunmehr verewigten Beschützer in Hannover, auf dessen Vorschreiben Trattnern der Nachdruck untersagt wurde; den er, um Dietrichen bloß zu schrecken, vielleicht nie weiter, als die ersten Bogen zu treiben gedachte. Sehen Sie, so verfährt Trattner, der, wie man auch aus dieser allerdings nicht ganz zu lobenden Handlung sieht, noch mehr Edles an sich haben muß, als den Titul. Nie hat er ein Exemplar für 2 Taler erhalten. Sie verwechseln doch wohl nicht gar die zweite Ausgabe mit der ersten? Jene verkauft Dieterich für 4 Taler; den Rabatt abgerechnet, für 2 Taler und einen Gulden; und diesen Gulden herunter gelogen, genau für 2 Taler.

Bei der zwoten Beschuldigung rücken Sie mit einem Ihrer andern Talente hervor. Hier gesellt sich nämlich zur Lüge Ihre eiserne Unverschämtheit. Sie verkauften, sagen Sie, Herr Prof. Feders Buch, *genüglich* für einen Taler, das wäre also Logik und Metaphysik für einen halben. Hier habe ich einmal vor einigen Monaten ein Verzeichnis von Ihren gestohlenen Büchern herumschleichen sehen, darin steht dieses Buch zu einem Gulden angesetzt, und eben dafür verkauft es auch Dieterich hier: also wäre der Unterschied bloß im verschiedenen Münzfuß, und betrüge etwa ein paar gute Groschen, und ist das alles? Sehen Sie, was Sie für ein Mann sind. Sie sind nicht einmal ein ehrlicher Dieb. Ich wollte wetten, Käsebier hätte das Exemplar für 6 Groschen gelassen, und Käsebier hätte es mit Vorteil noch immer tun können. Denn einmal hätte er dem Autor nichts bezahlt, nichts für das Mspt., und nichts für die neuen Auflagen. Dieterich bezahlt für jedes gleichviel und reichlich. Ferner hätte sich Käsebier so gut wie Sie gehütet, ein Buch nicht eher nachzudrucken, bis er gemerkt hätte, daß es wie warme Semmel ginge. Dieterich hingegen muß wagen, und verliert oft an einem nützlichen Buch, was er am andern gewann; gewinnt aber auch freilich zuweilen an einem unnützen, was er an einem nützlichen verlor u. s. fort. Aus Ehre hätte Käsebier so gut wie Göbhard sicherlich auch nichts unternommen, wie Dieterich tut, dessen Eifer, seinen Büchern alle äußere Zierde zu erteilen, eine gute Strecke weiter bekannt ist, als Ihre Schande (kein geringer Ruhm, fürwahr!) und alle Göttingische Druckereien auf einen bessern Fuß gebracht hat. Und den Mann nennen Sie einen Schurken, weil er seine Bücher nicht so wohlfeil geben kann, als der Dieb, der nichts bezahlt, und nirgends verliert, so lang er nicht fest sitzt? Und wo wollen Sie denn aufhören? Gesetzt, er verkaufte sein Buch für einen halben Taler, würde der Dieb nicht auf 10 Ggr. fallen? usw. Bringen Sie also Beispiele von *ehrlichen* Buchhändlern bei, wenn Sie Dieterichs Preise verdächtig machen wollen; und kommen Sie nicht mit Ihrem eigenen, denn das letztere ist beides unehrlich für Dieterichen, und ohne die mindeste Beweiskraft für Sie. Doch so viel von diesen Lügen, wenigstens hier, und nun zu Ihren übrigen Argumenten!

Daß ich Ihrer Scharteke alles entgegen setze, was man wider den Nachdruck überhaupt sagen kann, werden Sie kaum erwarten. In einem Brief wäre der Ort nicht dazu, und in einem an Sie wäre es weggeworfen. Was sich aber gegen *Ihren* Nachdruck und gegen *Ihre* Beweise von der Rechtmäßigkeit desselben sagen läßt, das will ich Ihnen sagen, und hoffentlich Ihrem Paar Ohren vernehmlicher, als vielleicht noch geschehen ist. Wenn Sie sich weiter unterrichten wollen, als hier geschehen kann, so lesen Sie, was einer unserer größten Rechtslehrer über diese Sache geschrieben hat[7]; ja sollte es Ihnen je einmal wieder einfallen, ein ehrlicher Mann zu werden, so rate ich Ihnen, damit der Übergang wenigstens nach dem Gesetz der Stetigkeit geschehe, drucken Sie dieses Buch nach. Dieser einzigen Handlung wegen, würden Sie zum letztenmal von allen ehrlichen Buchhändlern als Nachdrucker verflucht, und zum erstenmal als ehrlicher Mann gegrüßt werden. Dieses tun Sie künftig einmal; je eher, je besser. Wir zusammen hier können leichter und geschwinder fertig werden. Denn obgleich die Beantwortung der Frage: *Ist der Nachdruck erlaubt?* im allgemeinen alle die Gelehrsamkeit und den Prüfungsgeist des Mannes erfordert, dessen Buch ich Ihnen soeben empfohlen habe; so ist sie doch gemeiniglich in einem besondern Fall, wenn alle Umstände bekannt sind, leicht, und in dem Fall zwischen Ihnen und Dietrichen so sehr auffallend leicht, daß, glaube ich, außerhalb des Toll-, Zucht- und Stockhauses kein Mann für Sie sprechen wird, er sei nun Göttinger, oder Bamberger, oder Grönländer.

Vieles von dem Unbegreiflichen, das Sie und Ihre Bande noch in den Beweisen von der Unrechtmäßigkeit des Nachdrucks finden, steckt in dem Wort *Nachdruck* und *Nachdrucker* selbst, das mir allerdings auch nicht gefällt. Mich dünkt, wenn es von Ihnen gebraucht wird, müßte notwendig mehr vom Spitzbuben hinein. Ich will, bis mir ein besseres angegeben wird, die Wörter *Schleichdrucker* und *Schleichdruck* gebrauchen, wenn ich von Ihnen und Ihrem Verfahren

---

[7] Der Bücher-Nachdruck nach echten Grundsätzen des Rechts geprüft von J.S. Pütter. Göttingen. 1774. 4.

rede. Die Verwandtschaft mit *Schleichhandel* würde niemand leicht wegen ihrer Bedeutung in Zweifel lassen, und daß ich sie zuerst von Ihnen brauche, bestimmt ihre Unehrlichkeit völlig. Sie haben Recht, Nachdrucken läßt sich so wenig allgemein verdammen, als Menschenblut vergießen. Für das letztere gibt es Belohnungen, von dem seidnen Band an, das man an den Mann hängt, bis zu dem hänfenen, an das der Mann gehenkt wird, und so auch für das erstere. Betrachten Sie einmal die folgende Leiter von *Nachdruckern*, und sagen Sie, ob ich unrecht habe: Richter in Altenburg, Trattner in Wien, Göbhard in Bamberg, und Mitchel in London. Der erste unter diesen verdient das seidene Band, von dem ich soeben geredet habe, und der letztere hat das hänfene wirklich empfangen. Viele würden die Stufen schon in diesem Umriß erkennen, allein für Sie, sehe ich, muß ich sie mehr ausschattieren.

Richter in Altenburg druckt die Werke der Ausländer nach, ohne ihren Verlegern zu schaden, und ohne ihnen schaden zu wollen, ja vielleicht ohne sich einmal einen andern Vorteil zu verschaffen, als den, für welchen die Bande der Schleichdrucker kein Gefühl hat: *Ehre*. Er erzeigt dadurch seinen Landesleuten einen Dienst, die jene Werke kaum erhalten konnten, und nie, ohne durch Postgeld beträchtlich verteuert, erhielten. Ein solcher Mann verdient die größte Aufmunterung, und man sollte ihn nicht einmal Nachdrucker nennen, seitdem dieses Wort in der Gesellschaft von Ihrem Namen angesteckt worden ist.

Trattner in Wien, der von einem Urtitel fünf-sechshundert Exemplare zu nehmen im Stande ist, kann von einem Verleger allerdings billigere Bedingungen erwarten, als ein anderer, der nur ein Dutzend nimmt; gewährt ihm diese der Verleger nicht, so droht er mit einem Nachdruck; die Bedingungen werden noch nicht eingegangen, kann man es ihm so sehr verdenken, wenn er alsdenn endlich würklich nachdruckt? und zwar nicht unter der Aufschrift: Hanau und Leipzig, sondern schlechtweg: *Wien bei Trattnern.* Hierinnen ist, was auch darin sein mag, nichts Schleichendes, und für das, was dieses Verfahren Tadelhaftes an sich hat, hat der gute Mann nunmehr schon hundertfach dadurch gebüßt, daß Sie ihn für Ihres gleichen halten.

Göbhard in Bamberg, der ohne die mindeste Ursache, als die jeder Dieb hat, nicht unter seinem Namen, und nicht unter dem Namen seiner Stadt, ohne, auch die billigsten, Bedingungen eingehen zu wollen, nachdruckt; zu faul, sein eignes Feld zu bauen, und vermutlich zu ungeschickt, es zu können, erntet, wo er nicht gesäet hat; ehrlichen, emsigen Leuten, und ihren rechtschaffenen Familien, denen, so gut als ihm, der Vorteil des Schleichdrucks offen stünde, wenn sie ihre Gewissen über den kleinen Nachteil, Spitzbuben zu heißen, beruhigen könnten, ihr Brod raubt, was ist der? und was soll man ihn nennen? Sagen Sie selbst, was ist ein Spitzbube, wenn das keiner ist? Wer dieses tut, den nennt man so; hier zu Lande wenigstens, müssen Sie wissen, und man würde Sie so nennen und wenn Sie der Edle von Göbhard wären, ja wenn Sie des Heil. R.R. – – – doch ich will Ehrwürdige Titul, die sich vor Ihrem Namen gar nicht denken lassen, nicht einmal durch eine symbolische Verbindung mit demselben schänden. Glauben Sie etwa, Dieterich bezahle Geld für Manuskripte wie der König von Frankreich für Rezepte wider den Bandwurm? Wagte oft einen Teil seines Vermögens um solchen Hecken-Verlegern, wie Sie, *sichern* Profit zu verschaffen, den Sie noch, aus Erkenntlichkeit für seine Mühe, allein von dem seinigen nehmen? Was? Warum lassen Sie sich nicht dort Metaphysiken schreiben, es ist ja in Bamberg alles wahr, was hier wahr ist, ein paar Kleinigkeiten ausgenommen. Ich verspreche Ihnen, wenn Sie Ihnen in diesem Lande, wo der Schleichdrucker unehrlich ist, nachgedruckt werden, den Schaden mit 300 Prozent zu erstatten. Dieterich ist Bürge für die Bezahlung. Und warum setzen Sie nicht schlecht weg unter Ihre gestohlene Ware: *Bamberg bei Göbhard?* Hätten Sie das getan, wahrlich Dieterich hätte Sie verklagt und bewundert. Das Erzene im Charakter verdient und erhält auch überall seinen Grad von Achtung, anstatt, daß Sie jetzt jeder ehrliche Buchhändler anspeit, so hätte man alsdann vielleicht gesagt: Schade, daß der Mann ein Betrüger ist, es hätte etwas aus ihm werden können.

Doch es ist noch eine Stufe zurück, für mich auszuschattieren, und für Sie, (wenn Sie anders weiter zu gehen gedenken), zu besteigen: die *Mitchelische.*

Mitchel in London, der unglücklichste unter allen Schleichdruckern, aber sicherlich der geschickteste, druckte mit unglaublicher Kunst und großem Risiko auf sehr feinem Papier gewisse einblätteriche Werkchen nach, worauf die Bank in England allein das Verlagsrecht hat, und wurde, so wie alle, die sich, wie er, dieser Kunst befleißigen und bekannt werden, ohne die mindeste Hoffnung einer königlichen Gnade aufgeknüpft. Ich weiß es wohl, Ihr Fall und der Mitchelische sind allerdings unterschieden; allein, daß bei dem erstern der Schaden geringer und die beleidigte Person minder ehrwürdig ist, macht das die Tat erlaubt? Oder hat man Sie gelehret, der Spitzbube und der ehrliche Mann seien nur dem Grade nach unterschieden? Sie müssen mir hier nicht von Gesetzen sprechen, die noch nicht gegeben wären. Ein empfindliches Gewissen und ein gerader Menschen-Verstand sind, so wie die getreusten Ausleger, also auch die besten Vertreter der Gesetze, und lassen ihren Besitzer über die Rechtmäßigkeit einer Handlung selten in Ungewißheit, da hingegen ein arglistiger Betrüger oft in dem klaren Buchstaben desselben noch Schlüpflöcher findet, im Fall der Not einmal mit heiler Haut durchzuwischen. Wenn ein Reichsstand zuweilen noch das, was er keinem seiner Untertanen wider den andern erlaubt, gegen einen Fremden zu tun verstattet, wer sieht nicht, daß das von andern Umständen, als von Zweifeln über die Rechtmäßigkeit der Sache herrühren muß? So lange wir nicht im Krieg mit uns selbst leben, so müssen Schwierigkeiten daran Ursache sein, die nach der itzigen Verfassung des deutschen Reichs nicht so leicht zu überwinden sind, aber hoffentlich einmal werden überwunden werden. Und was kann denn endlich das Positiv-Gesetz tun, wenn es kommt? Sagen Sie. Etwa aus einer billigen Handlung ein Verbrechen machen? Bewahre der Himmel! Nein! ich will es Ihnen sagen: das Positiv-Gesetz wird machen, daß der Schleichdrucker, den man jetzt bloß zur Erstattung des Schadens anhalten kann, an den Pranger gestellt, gebrandmarkt und nach Befinden der Umstände auch aufgeknüpft wird. Das wird es tun. Wenn frei herum gehen dürfen so viel sagt, als ein ehrlicher Mann sein, und der Betrug erlaubt ist, der durch Löcher geschieht, die das Gesetz offen gelassen hat: Dann wehe uns von zarterem Gewissen, wenn die Spitzbuben anfangen sollten die Rechte zu studieren! Sie wissen, was die Chicane schon zur Verteidigung von Verbrechen hervorgebracht hat, die ohne sie, mit Bewußtsein der Unrechtmäßigkeit, und gegen das klare Gesetz begangen worden sind. Wie wenn die Chicane nun gar selbst anfinge den Plan zum Betrug, zu entwerfen? Es geht mir durch die Seele, wenn ich bedenke, daß in diesem erleuchteten Teil von Europa, ja daß unter Deutschen, deren Redlichkeit bei Ausländern zum Sprüchwort gediehen ist, noch Leute frei herumgehen, ja öffentlich bekennen dürfen, sie halten Dinge für erlaubt, die Vernunft und Gewissen verbieten, bloß weil noch kein Positiv-Gesetz dem Scharwächter oder dem Henker Vollmacht erteilt seinen Dienst an ihnen zu verrichten. Schändlich fürwahr!

Allein hören Sie doch einmal. Sollten wir denn so ganz und gar kein Gesetz haben, das uns auch noch etwas mehr bände, als den Huronen? Ich weiß nicht, was Sie in Bamberg haben, *wir*, hier zu Lande, haben eines, das auch unsre Bauren deutsch lesen dürfen, das heißt: *Was ihr wollet, das euch die Leute nicht tun sollen, das tut ihr ihnen auch nicht.* Kennen Sie den, der das Gesetz gegeben hat? Ich fürchte fast, Sie kennen weder den Gesetzgeber, noch das Gesetz, und statt beider nur die schimpfliche Glosse zum letzteren: haereticis non est servanda fides. Doch ich will weiter gehen.

Sagen Sie mir nur um aller Welt willen, wer hat Ihnen den desperaten Satz angegeben, auf den Sie sich so viel zu gute tun, daß, wer Sie und Ihre Bande Diebe nennt, *der Kaiserlichen Krone kein geringschätziges Kleinod entwende und sich des Lasters der beleidigten Majestät schuldig mache.* Also nun wissen wir es: *Göbhard* druckt ehrlichen Leuten ihre Bücher nach, um die Kaiserlichen Revenuen durch einzuholende Privilegia zu vermehren. Eine vortreffliche Entschuldigung! Sie bringen rechtschaffene Leute um ihr ehrlich erworbenes Brod, um dem Kaiser zu dienen? Wie? Ehemals diente man in gewissen Ländern, die Sie kennen werden, Gott dadurch, daß man seinen Nächsten plünderte, oder ihm auch wohl im Diensteifer einmal den Hals abschnitt, aber wehe dem, der Joseph dem Zweiten einen solchen Dienst anböte. Wir leben, dem Himmel sei Dank! unter einem Kaiser, unter dem, wenn man Recht und Gerechtigkeit und folglich den Beifall aller Rechtschaffenen für sich hat, man es frei sagen darf, unbekümmert wegen Folgerungen, die ein arglistiger Kriecher oder schiefer Jesuiten-Kopf daraus zieht. Nein! damit Sie es doch wissen, was der Kaiserlichen Krone (mich Ihres Ausdrucks zu bedienen) dieses Kleinod geraubt hat. *Göbharde* haben es getan. *Göbharde* haben Kaiserliche Privilegia anfangs nötig gemacht, und *Göbharde* machen, daß man sie jetzt wieder unzulänglich findet. Anstatt, daß, nach Ihrer Art zu schließen, die Schleichdrucker mehr Kaiserliche Privilegia hervorgebracht hätten, haben sie vielmehr gemacht, daß man sie fast gar nicht mehr einholt, und warum? weil man gefunden hat, daß Drohungen vom ersten Thron der Welt, so wenig wie die vom Himmel, kräftig genug sind, einen gewissenlosen Spitzbuben zu schrecken.

Der Taugenichts, der glauben kann, er diene einem Kaiser, wenn er stiehlt, glaubt auch wohl mit eben so leichter Mühe einmal, sich für seinen Dienst bezahlt zu machen, wenn er dessen Privilegia nicht achtet. Ja, können Sie wohl glauben, man hat mir gesagt, daß man sogar Privilegia nachdruckt» und das soll ein Mann getan haben, der deswegen vor zwei Jahren, bei Nacht, vor dem Schwert der Gerechtigkeit aus Leipzig flüchten mußte, und sich seit der Zeit dort nicht mehr blicken läßt. Wo ich nicht irre, so hieß er auch *Göbhard*, und was noch sonderbarer ist, war auch aus Bamberg. Ich hoffe nicht, daß Sie es gewesen sind, sonst zerrisse ich meinen Brief auf der Stelle.

Was? Weil Privilegia einigen Personen besondern Schutz versprechen, darf man deswegen die Bücher nachdrucken, die diesen Schutz nicht haben? den Mann anfallen, der sich nicht wehren kann, oder nicht Geld und nicht Gelegenheit hat, sich Gewehr zu kaufen; in die Gärten steigen, an deren Tür kein Blech Selbstschüsse verkündigt? Bäume in Alleen umhauen, wenn kein Pfahl mit Staupbesen droht? Oder den Pflug stehlen, oder auch nur gebrauchen, weil er unangeschlossen auf dem Felde liegt? O herrlich! Übrigens verdient die Entschuldigung, man habe gestohlen, um manchen Leuten Diäten zu verschaffen, die Aufmerksamkeit aller Spitzbuben; sie ist neu und in unsern ruchlosen, aber ökonomischen Zeiten jener frommen der vorigen Welt weit vorzuziehen, da die Missetäter noch sagen konnten: *der Teufel habe sie verführt.*

Was Sie von der Hanauer Messe sagen, daß man dort die Schleichdrucker schütze, die daher also keine Spitzbuben sein könnten, und daß Dieterich, der das letztere behaupte, sich wiederum des Lasters der beleidigten Majestät schuldig mache, verstehe ich nicht. Ich will wetten, das Wahre, das diese Nachricht enthielt, ist verdunstet, indem es durch Ihre Feder geflossen ist, und Sie haben es reichlich mit Lügen wieder erstattet. Man sollte die Schleichdrucker in Hanau schützen! das ist unmöglich. Sie wollten vermutlich sagen, man will es dort nicht so genau nehmen, man will nicht lange mühsam untersuchen, was nachgedruckt und nicht nachgedruckt ist, sondern die Sache lieber den Gewissen der Leute selbst überlassen. Denn stellen Sie sich vor, wenn man die Schleichdrucker dort schützte, würde Dieterich, die Witwe Vandenhoeck, Nicolai, Reich, Voß, Bohn und einige andere, die Deutschland auch außerhalb Ehre bringen, und die es eigentlich sind, die die Messen machen, würden die nach jener Messe ziehen» Sein Sie versichert, wo Schleichdrucker geschützt werden, da bleiben ehrliche Buchhändler sicherlich weg. Auch selbst mit dem nicht so genau nehmen, wird es sich endlich geben, wenn Hanau ein Leipzig wird. Von Anfang läßt man solche Sachen geschehen, und muß sie geschehen lassen, es ist den Regeln einer gesunden Politik wenigstens nicht zuwider. Mancher Staat und manche Kolonie haben ihren Ursprung einem Zusammenfluß von Menschen zu danken gehabt, die man hundert Jahre nachher darin aufgeknüpft hätte. Übrigens läßt es sich ohne Unwillen nicht lesen, daß ein elender Bambergischer Schleichdrucker so sehr für die Majestät der Großen besorgt ist, er, der genug zu tun hat, seinen eignen Hals gegen jene Majestäten zu verwahren. Die Majestät braucht Ihre unehrliche Verteidigung nicht, allein tun müssen Sie, was die Leute tun, die ich gegen Sie verteidige, wenn Sie länger vor dem Arm der Majestät sicher sein wollen. Wenn Sie doch ein Gewissen hätten, oder wenn es bloß schliefe, wie kurz hätte ich alsdann sein können! Ich hätte es mit ein paar Worten wieder aufgedonnert. *Weißt du,* hätte ich gerufen, *der du so sehr von Majestäten sprichst, wessen Majestät du beleidiget hast:* und hätte auf den Gesetzgeber hingewiesen, von dem ich oben geredet habe, und dessen Bild vermutlich in Ihrem Zimmer hängt! Aber so muß ich, anstatt an einem erstorbenen Gewissen mich müde zu schütteln und zu rufen, mich an den armseligen Rest von Menschenverstand, den Sie noch besitzen, wenden, und Ihnen das Falsche in Ihren Schlüssen, und das Kahle und Lächerliche in Ihren Entschuldigungen weiter fort zeigen.

Das Waisenhaus zu Salzburg habe Ihnen, sagen Sie, Ignaz Schmids Katechisten nachgedruckt, und doch stehe es unter hohem Schutz. Das ist wieder eine Entschuldigung, so wie man sie gewöhnlich kurz vor der gänzlichen Überführung, bei betroffenem und über die Hälfte schon bekennendem Gesicht vor den Schranken der Gerichtsstube herausstottern hört. Verhält sich die Sache so, wie sie muß, um für Sie zu streiten, woran ich sehr zweifle, so hat das Salzburgische Waisenhaus unrecht. Waisenhäuser sollten sich, da ihnen so viele rechtliche Wege offen stehen, sich ein Einkommen zu verschaffen, nicht einmal einen wählen, über dessen Billigkeit noch gestritten wird, am allerwenigsten aber einen so entschieden unehr-lichen. Es bringt sicherlich keinen Segen. Warum verklagen Sie das Waisenhaus nicht beim Erzbischof? Aber da haben wirs, wer würde nur die Aufschrift einer solchen Klage ohne Lächeln lesen können? *Göbhard contra das Waisenhaus zu Salzburg pto eines verübten Nach-drucks.*

Aber eine der schönsten und lustigsten Stellen ist die S. 12, wo Sie sagen, daß ein gewisser *Xaver Rienner* in Würzburg, der selbst bei Ihnen als Diener gestanden, Ihnen Ihre Bücher jetzt nachdruckte, da er doch wegen Ihres damaligen sowohl als nachherigen Betragens gegen ihn, zu einem solchen Schritt gar nicht Ursach hätte. Sie se-hen also hieraus, was für Leutchen aus Ihrer Schule kommen. Konn-te wohl der Erfolg anders sein, so lange jener kein heil. Xaver war? Er tut, was sein Patron tat, wie die meisten Menschen, und daß er ein Dieb geworden ist, davon ist die Ursache leicht zu finden: *Sein Patron war einer.* Mir ist dabei Mac Heath in Gays Bettler-Oper ein-gefallen; dem ehrlichen Mann geht es ebenso. Mac Heath ist einer von den reitenden Göbharden in England, die die Taschen- Uhren auf den Messen *ganz genüglich* wohlfeiler lassen können, als die ehrlichen Uhrmacher, weil sie sie nichts weiter kosten, als ihren ehrlichen Namen und im schlimmsten Fall das Leben. Dieser hält eine Menge Diener, die ihm des Abends die Uhren und Schnupftü-cher bringen, die sie auf der Straße gestohlen, oder mich eines Ihrer Ausdrücke zu bedienen, von unbekannter Hand in Kommission bekommen haben. Er dankt ihnen für ihren Diensteifer, steckt die Beute ein, und geht ab. Indem er aber weggeht, so schleicht sich ein schlauer Fuchs von einem Xaver Rienner hinter ihm her, und holt mit derselben Kunst, die ihn sein Patron gelehrt hat, des Patrons beste Schnupftücher wieder aus der Tasche heraus. Sie sehen, die Welt ist sich überall gleich, und wenn man die Geschichte manches Mannes so druckte, wie die Zoll-Zettel und Frachtbriefe, mit leerge-lassenen Stellen, so kostete es oft weiter nichts, die Leben von zwei-en zu beschreiben, als daß man hier hinein schriebe, Uhren, Schnupftücher und Mac Heath, und dort, Logik, Metaphysik und

Göbhard. – Aber das ist noch lange das Schönste nicht in der angeführten Stelle. Dieses ist es: Sie sagen, Sie hätten so etwas an Riennern gar nicht verdient. Höchst vortrefflich! Sie sehen, wie unwiderstehlich die Macht der Wahrheit ist, Selbst Sie, Selbst Göbhard muß sie wider Willen reden, in einem Büchelchen, wo sonst Lüge an Lüge stößt, und gerade an der Stelle, wo er ihr den derbsten Stoß zu versetzen glaubt. Also ist es doch wenigstens unrecht, einem Bücher nachzudrucken, und zwar noch unrecht in der Meinung des Mannes, der es andere lehrt, das ist alles mögliche. Sie haben es also nicht an Riennern verdient? Sagen Sie mir, womit verdiente es Dieterich an Ihnen? dadurch vielleicht, daß er ein Ketzer ist? Ich fürchte fast. Pfui schämen Sie sich vor den Neu-Seeländern!

Mehr als *hundert* Männer, sagen Sie auf der 13ten Seite, könnten Sie nennen, die alle nachdruckten, machen aber doch zugleich den involuntären Zusatz wieder, es möchte manchem darunter nicht lieb sein. Warum nicht lieb? Das müssen recht verworfene Sünder sein, was man auch für Grundsätze annimmt, Dieterichische oder Göbhardische; nach jenen sind sie Schleichdrucker und Diebe, und nach diesen, noch was weit ärgers, Leute, die sich einer guten Tat schämen. Und *hundert* sollten in Deutschland sein? Welche Hekatombe für die Musen, wenn man die Herde beisammen hätte!

Nun das wäre es, was ich gegen Ihre Lügen, gegen Ihre Jesuiten-Kniffe und erbärmliche Entschuldigungen zu sagen hätte, und nun noch ein paar Worte von Ihrer Sprache und einer Drohung, womit Sie das Schandbüchelchen schließen.

Wenn ich Ihre Sprache betrachte, wahrhaftig, so lähmt mir der Anblick fast alle Entschließung mich mit Ihnen abzugeben. Gütiger Himmel! Was für ein eiteles, elendes, hinfälliges Ding ist es um Bücher-Titul-Kenntnis, wenn der Mann, der sein Leben mit ihnen zugebracht hat, in dessen Kopf alles von ihnen voll ist, was Betrug und Arglist leer gelassen haben, der sie ewig abschreibt und wieder abschreibt, wenn der am Ende so denkt, wie der gewissenloseste Dieb, und so buchstabiert und spricht, wie der Gassenjunge, der ein Buch noch nicht von einem Backstein unterscheiden kann! Und doch (ich werde fast weichmütig) und doch ist Büchertitul-Kenntnis das, was leider noch heut zu Tage oft Geschichte der Gelehrsamkeit, ja Gelehrsamkeit selbst genennt wird!

Es ist allerdings traurig, einen Mann, wie Sie, schreiben zu sehen: *Dieterich komme in Rasche,* und dann ihn, den Sie beraubt und so empfindlich beleidigt haben, auf jeder Seite, noch *Schurken, Lotterbuben, ehrenrührigen Kerl* und *schlechten Burschen* nennen zu hören: Es ist betrübt, sage ich, allein übel nehmen wir es Ihnen hier zu Lande nicht. Jeder Mensch hat, so gut wie jedes Land, seine eigene Gebräuche und Sitten, und ich werde Ihre Schimpfwörter sicherlich so wenig erwidern, als Ihre Schnitzer wider die Orthographie. Nur die einzige Anmerkung will ich machen, die Ihnen künftig bei Ihren Streitschriften von Nutzen sein kann: die lakonischen Beweise, die Sie so sehr lieben, ich meine die Wörter *Schurke* und *Lotterbube* u. dergl. erhalten ihre Stärke von der Beschaffenheit der Zunge, die sie ausspricht, und sie verlieren oft ihre Würkung ganz, oder gehen gar in das Entgegengesetzte über, wenn dieses beweisende Glied homogen mit dem Beweise ist. Ich will mich durch die Anwendung erklären. Wenn Ihre Zunge Dieterichen einen Schurken nennt, so bringt es ihm die größte Ehre: hingegen hätte sie ihn Freund und Konsorten geschimpft, so wäre ihm kein Professor und kein Pursche mehr in Laden, und kein ehrlicher Bürger mehr über die Schwelle gegangen.

Aber was soll ich zum Beschluß Ihrer Scharteke sagen? Oder was würde Ihnen ein Mann antworten, der minder zurückhaltend wäre, als ich? »Dreimal habe ich deine Schandperiode[8] gelesen, würde er sagen, und noch weiß ich nicht, was in derselben mehr auffallend ist, deine galgenmäßige Frechheit, wodurch du einem Manne, der in dem ganzen Streit von jedermann (unter Christen wenigstens) als der beleidigte Teil erkannt wird, ein Werk nachzudrucken drohest, noch ehe es heraus ist, oder deine an Wahnwitz grenzende Dummheit, die sich mehr von einem geschwänzten Menschen, als einem

---

[8] Die Stelle, worauf der Verf. anspielt, ist folgende: Ich behalte mir mein weiteres Recht gegen einen solchen Lügner und Verleumder bevor; umsonst hoffet derselbe durch eine angekündigte neue Auflage der obberedten Werke des Hrn. Prof. Feders das Publikum zu täuschen, ich erwarte sehnlich diese vermehrte Auflage, und wenn dieselbe das Licht erblickt, so werde ich zu einer geringen und einsweiligen Genugtuung den Nachdruck nicht scheuen, und alsdann erst das Publikum durch die Verschiedenheit des Preises zu überführen, wie diesem Verleumder um nichts zu tun sei, als seine Hab- und Gewinnsucht zu befriedigen. Anmerk. d. Herausgebers.

Bamberger Buchhändler erwarten ließe, womit du es dir zum Verdienst anrechnest, daß du nachgedruckte Bücher wohlfeiler geben kannst, als der Verleger. Weißt du, daß du außer Dieterichen mit deinen Spitzbuben-Drohungen auch noch den verehrungswürdigen Verfasser beleidigest, ja daß du den Wissenschaften selbst schadest, würde ich sagen, wenn solcher Pöbel, wie du, wüßte, was Wissenschaft ist, oder wenn man solchem Leim tretenden Gesindel wie dir glauben machen dürfte, sie könnten durch ihre Unehrlichkeit im Arbeiten den Bau eines Tempels des Jupiter aufhalten. Und ist es denn, würde er fortfahren, ist es denn so etwas Ungewöhnliches, daß die Schuster, die das Leder stehlen, die Schuhe wohlfeiler geben können? Nimm lieber sechs der Handfestesten aus deinem Hundert, breche hier gerade weg bei Dieterichen ein, oder schlage seinen Fuhrmann zwischen Göttingen und Leipzig einmal zur guten Stunde auf den Kopf.« So würde der Mann sagen, und hätte Er unrecht? Allein Ich, ich liebe ein allezeit laues Blut und Barmherzigkeit. Auch wenn ich recht bedenke, so ist in jener Schlußperiode, so sehr pro mit contra und contra mit pro verwechselt, auf der einen Seite so viel Tücke, und auf der andern wieder so viel possierliche Albernheit, daß man nicht weiß, was man glauben, oder wo man anfassen soll. In einem solchen Fall halte ich es, nach einer bekannten hermeneutischen Regel, die die Lösung solcher Schwierigkeiten, wenn sie der Vernunft zu schwer werden, der Menschenliebe überträgt, für meine Pflicht, zu glauben, daß Sie wenigstens zuweilen nicht klug sind, oder, daß Sie aus Achtung gegen Ihren großen Vorgänger im Betrug, welchem Göbhard, der betrügerische Schleichdrucker, freilich besser Gesellschaft leisten könnte, als Dr. Faust, der ehrliche Buchdrucker, Ihren Abschied vom Leser mit transzendentem Gestank zu nehmen gedacht haben.

Ich meines Teils denke immer: Ende gut, alles gut! und anstatt Ihre Drohungen mit einer einzigen zu erwidern, will ich Ihnen lieber zwo Ermahnungen geben. Für das erste, wenn Sie den Tausenden von Redlichen, die mit mir stimmen, antworten wollen, so tun Sie es Ihrer Ehre, jetzigen und künftigen Ruhe wegen, (die jenseit des Grabes nicht ausgeschlossen) durch Besserung mit der Tat, und nicht durch eine schriftliche Antwort. Merken Sie wohl, was Ihnen dieser Rat für Ehre antut? Mehr, als ich Ihnen zugedacht hatte, da ich mich zu diesem Brief niedersetzte. Er setzt voraus, daß Sie noch ein besserer Bürger werden könnten, wenn Sie wollten, und daß Sie nur zum Schriftsteller und Advokaten unwiederbringlich verdorben sind. Für das zweite wollte ich Ihnen auch nicht raten die Feder eines andern zu gebrauchen. Die Köpfe, die Witz und Kunst genug besitzen, eine böse Sache, zumal eine, die der Name *Göbhard* drückt, gut zu verteidigen, sind überhaupt in Deutschland selten, und wenn man dem Himmel für die Seltenheit derselben danken muß, so ist ihm, dünkt mich, Ihr Vaterland vorzüglichen Dank schuldig. Leben Sie wohl. Ich bin usw.

Anschlag-Zeddel im Namen von Philadelphia

Avertissement

Allen Liebhabern der übernatürlichen Physik wird hierdurch bekannt gemacht, daß vor ein paar Tagen der weltberühmte Zauberer Philadelphus Philadelphia, dessen schon *Cardanus* in seinem Buche de natura supernaturali Erwähnung tut, indem er ihn den *von Himmel und Hölle Beneideten* nennt, allhier auf der ordinären Post angelangt ist, ob es ihm gleich ein leichtes gewesen wäre, durch die Luft zu kommen. Es ist nämlich derselbe, der im Jahr 1482 zu Venedig auf öffentlichem Markt einen Knaul Bindfaden in die Wolken schmiß und daran in die Luft kletterte, bis man ihn nicht mehr gesehen. Er wird mit dem 9ten Jänner dieses Jahres anfangen, seine Ein-Talerkünste auf dem hiesigen Kaufhause öffentlich-heimlich den Augen des Publici vorzulegen, und wöchentlich zu bessern fortschreiten, bis er endlich zu seinen 500 Louisd'or-Stücken kommt, darunter sich einige befinden, die, ohne Prahlerei zu reden, das

Wunderbare selbst übertreffen, ja, so zu sagen, schlechterdings unmöglich sind.

Es hat derselbe die Gnade gehabt, vor allen hohen und niedrigen Potentaten aller vier Weltteile und noch vorige Woche auch sogar im fünften vor Ihro Majestät der Königin Oberea auf Otaheite mit dem größten Beifall seine Künste zu machen.

Er wird sich hier alle Tage und alle Stunden des Tages sehen lassen, ausgenommen montags und donnerstags nicht, da er dem ehrwürdigen Kongreß seiner Landsleute zu Philadelphia die Grillen verjagt, und nicht von 11 bis 12 des Vormittags, da er zu Konstantinopel engagiert ist, und nicht von 12 bis 1, da er speiset.

Von den Alltags-Stückchen zu einem Taler wollen wir einige angeben, nicht sowohl die besten, als vielmehr die, die sich mit den wenigsten Worten fassen lassen.

1) Nimmt er, ohne aus der Stube zu gehen, den Wetterhahn von der Jacobi-Kirche ab und setzt ihn auf die Johannis-Kirche, und wiederum die Fahne des Johannis-Kirchturms auf die Jacobi- Kirche. Wenn sie ein paar Minuten gesteckt, bringt er sie wieder an Ort und Stelle. NB. Alles ohne Magnet durch die bloße Geschwindigkeit.

2) Nimmt er zwei von den anwesenden Damens, stellt sie mit den Köpfen auf den Tisch, und läßt sie die Beine in die Höhe kehren; stößt sie alsdann an, daß sie sich mit unglaublicher Geschwindigkeit wie Kräusel drehen, ohne Nachteil ihres Kopfzeugs oder der Anständigkeit in der Richtung ihrer Röcke, zur größten Satisfaktion aller Anwesenden.

3) Nimmt er 6 Lot des besten Arseniks, pulverisiert und kocht ihn in 2 Kannen Milch und traktiert die Damens damit. Sobald ihnen übel wird, läßt er sie 2 bis 3 Löffel voll geschmolzenes Blei nachtrinken, und die Gesellschaft geht gutes Muts und lachend aus einander.

4) Läßt er sich eine Holz-Axt bringen und schlägt damit einem Chapeau vor den Kopf, daß er wie tot zur Erde fällt. Auf der Erde versetzt er ihm den zweiten Streich, da dann der Chapeau sogleich aufsteht und gemeiniglich fragt: *was das für eine Musik sei?* Übrigens so gesund wie vorher.

5) Er zieht drei bis vier Damens die Zähne sanft aus, läßt sie von der Gesellschaft in einem Beutel sorgfältig durch einander schütteln, ladet sie alsdann in ein kleines Feldstück, und feuert sie besagten Damen auf die Köpfe, da denn jede ihre Zähne rein und weiß wieder hat.

6) Ein methaphysisches Stück, sonst gemeiniglich ðʔí meta physica genannt, worin er zeigt, daß wirklich etwas zugleich sein und nicht sein kann. Erfordert große Zubereitung und Kosten, und gibt er es bloß der Universität zu Ehren für einen Taler.

7) Nimmt er alle Uhren, Ringe und Juwelen der Anwesenden, auch bares Geld, wenn es verlangt wird, und stellt jedem einen Schein aus. Wirft hierauf alles in einen Koffer, und reiset damit nach Kassel. Nach 8 Tagen zerreißt jede Person ihren Schein, und so wie der Riß durch ist, so sind Uhren, Ringe und Juwelen wieder da. Mit diesem Stück hat er sich viel Geld verdient.

NB. Diese Woche noch auf der obern Stube des *Kaufhauses*, künftig aber hoch in freier Luft über dem Marktbrunnen. Denn wer nichts bezahlt sieht nichts.

Göttingen den 7. Jänner 1777.

Göttingia.

Über Physiognomik; wider die Physiognomen.

Zu Beförderung der Menschenliebe und Menschenkenntnis

Not working with the Eye without the Ear,
And, but in purged Judgment, trusting neither. *Shakespeare*

An den Verleger

Dir, guter Mann, führe ich hier auf Dein Verlangen zum zwei-
tenmal, ein Geschöpf vor, das Dir in seiner Kindheit viel Vergnügen
gemacht hat. Du kleidetest es damals in Gold und Seide und so
gefiel es: itzt, etwas mehr erwachsen, aber noch nicht viel weiser,
hat es jenen Flitterstaat abgelegt und wird schwerlich mehr gefallen.
Im männlicheren Habit werden Fehler beides merklicher und un-
verzeihlicher. Versage aber deswegen Deinem ehmaligen Liebling
Deinen Beistand noch nicht. Unter meiner beständigen Aufsicht
sollen künftig seine kleinen Untugenden, wo nicht ausgerottet, doch
gezäumt, und seine Tugenden, die Du auch durch das wilde Feuer
und den dreisten Blick nicht verkennen wirst, genährt, und zum
stehenden Charakter gestärkt und befestigt werden.

Beim nächsten Besuch wird es als Mann erscheinen, in dem vor-
teilhaftesten Putz, den ich von Chodowiecki für ihn erhalten kann;
und dann, mein Freund, sollen hoffentlich Chodowiecki, Du und
ich, ein jeder nach seiner Art, Vergnügen und Unterstützung von
ihm genießen. Ich bin

Dein
aufrichtiger Freund
der Verfasser

Einleitung zur zweiten Auflage

Nachstehende Abhandlung über Physiognomik, die in dem Göttingischen Taschen-Kalender für dieses Jahr zuerst erschien, und
bloß für ihn allein geschrieben war, erscheint hier auf vielfältiges
Verlangen in einem gröbern Druck. Unleserlichkeit des Drucks
war, nach dem Urteil jener Freunde, der hauptsächlichste Fehler der

Abhandlung. Wie nun auch dieses Lob gemeint gewesen sein mag, so habe ich es so verstanden, wie man gemeiniglich sein Lob gern versteht, und außer dem grobem Druck, wenig auf Verbesserungen gedacht. Zusätze, die auch der flüchtigste Leser des ersten Abdrucks nicht leicht in diesem übersehen wird, kann ich nicht ganz hieher rechnen, sie sind größtenteils des Lichts wegen hinzugekommen, wodurch nicht jede Schrift, so wie nicht jedes Gesicht, gewinnt. Die meisten darunter stunden schon im Manuskript des Aufsatzes und wurden nur, während des Abdrucks, damit nicht ein ganzes, kostbares *Sedez-Bändchen* mit Physiognomik angefüllt würde, hier und da ausgehoben.

Ich hoffe durch sie, so wenig ich auch sonst damit gewinnen mag, wenigstens bei den bequemeren Köpfen einer ferneren Mißdeutung meiner Absicht vorzubeugen. Diese war gar nicht ein bekanntes weitläuftiges Werk zu widerlegen. Wer dieses tun wollte, müßte es wenigstens nicht in Sedez bei einem Publikum unternehmen, bei welchem groß Quart so viel ist als Demonstration. Ich wollte vielmehr einigen gefährlichen Folgerungen begegnen, die schon hier und da von Jünglingen und Matronen aus jenem Werk gezogen zu werden anfingen; Ich wollte hindern, daß man nicht zu Beförderung von Menschenliebe physiognomisierte, so wie man ehmals zu Beförderung der Liebe Gottes sengte und brennte; Ich wollte Behutsamkeit bei Untersuchung eines Gegenstands lehren, bei welchem Irrtum leichter ist und gefährlicher werden kann, als bei irgend einem andern, Religion ausgenommen; Ich wollte Mißtrauen erwecken gegen jene transzendente Ventriloquenz, wodurch mancher glauben gemacht wird, etwas das auf Erden gesprochen ist, käme vom Himmel; Ich wollte hindern, daß, da grober Aberglaube aus der feineren Welt verbannt ist, sich nicht ein klügelnder an dessen Statt einschliche, der eben durch die Maske der Vernunft, die er trägt, gefährlicher wird, als der grobe. Wir denken feiner, reden feiner und faseln feiner. Jetzt sind es Zeichen an der Stirne die man deuten will, ehmals waren es Zeichen am Himmel; Ich wollte endlich zeigen, daß man, durch ein paar armselige Beispiele von Hunden, Pferden, Dreigroschen-Stücken und Obst, die man allenfalls noch, (nicht immer,) aus dem Äußern beurteilt, verleitet, noch nicht vom Leib auf ein Wesen schließen könne, dessen Verbindungsart mit ihm uns unbekannt ist, und überhaupt nicht auf den Menschen schließen kann; auf diese Welt von Chamäleonism mit Freiheit; auf das Tier, das selbst den Galgen auf der Stirne Lügen strafen und Leidenschaften ermorden könnte, so gut wie sich selbst, wenn es wollte; das von Ehr- oder Geldgeiz oder Liebe angeflammt, alles vermag, oder doch sehr viel mehr als der bisherige Sklave der Gebräuche seiner Väter noch weiß. Was für ein unermeßlicher Sprung von der Oberfläche des Leibes zum Innern der Seele! Hätten wir einen Sinn die innere Beschaffenheit der Körper zu erkennen, so wäre jener Sprung noch immer gewagt. Es ist eine ganz bekannte Sache, daß die Instrumente nicht den Künstler machen und mancher mit der Gabel und einem Gänsekiel bessere Risse macht als ein anderer mit einem englischen Besteck. Der grade Menschen-Verstand sieht auch dieses bald; es ist nur der Neuerungsgeist, der es nicht sehen will, und die sich in falschen Hoffnungen wiegende müßige Klügelei, die es nicht sieht. Wenn ein Schiffs-Capitain einem Kerl, der sich ihm mit Enthusiasmus zum Dienst anbietet, antwortet: Dein Wille ist gut, allein du taugst dem ohngeachtet nicht für mich, deine Schultern sind zu schmal und du überhaupt zu dünne und aufgeschossen, so muß der gute Kerl die Hand vielleicht auf den Mund legen. Aber wenn jemand sagte: du handelst zwar wie ein ehrlicher Mann, ich sehe aber aus deiner Figur, du zwingst dich und bist ein Schelm im Herzen: Fürwahr eine solche Anrede wird bis ans Ende der Welt von jedem braven Kerl mit einer Ohrfeige erwidert werden. Doch ich will der Abhandlung selbst durch die Einleitung nicht länger vorgreifen. Dieses waren meine Absichten bei der (ich gestehe es) flüchtig geschriebenen Abhandlung für einen Kalender, dessen Dauer auf dem Titul viel zu groß angegeben ist, und der gemeiniglich mit den Christgärtgen und übergüldeten Walnüssen schon verschwindet, in deren Gesellschaft er, ein gleich buntes Geschöpf, erscheint. Zum Teil habe ich sie gewiß hier und da erreicht. Wenn nicht ganz, was schadets? Diese Schrift soll, wenn mir der Himmel Gesundheit gewährt, weder die einzige, noch die kleinste, noch auch die freimütigste sein, womit ich sie zu erreichen wenigstens suchen will. Habe ich die Warnungs-Linie hier und da allzuweit vom Abgrund gezogen, so muß ein solcher Fehler bei einer Absicht gewiß verzeihlich sein, bei welcher selbst Sophisterei verzeihlich wäre. Die Wahrheit gewönne auch alsdann noch. Sie steht nie aufrechter, als wenn sie, dem kräftigen pro gegenüber, von einem kräftigen contra gestützt wird.

Ich habe gesagt ich wollte der Abhandlung selbst in der Einleitung nicht länger vorgreifen, aber schließen kann ich die Einleitung demohngeachtet noch nicht eher, als ich mich über einiges erklärt habe, was dort teils zu sehr zerstreuen könnte, teils auch vorher zu wissen nötig ist. Wäre die schnelle Ausbreitung der Physiognomik in unserm Vaterland, die Frucht eines sich über alles erstreckenden Beobachtungsgeists, gut, so könnte man einer solchen Ausschweifung desselben einmal desto gelassener zusehen, je früher er alsdann davon zurück kommen würde. Allein wer unserm Zeitalter herrschenden Beobachtungsgeist zuschreibt, der muß nicht wissen was Beobachtungsgeist ist, oder kennt unser Vaterland nicht. Diese schnelle Ausbreitung wird weit leichter und natürlicher aus dem so gemein gewordenen Bestreben erklärt, sich mit den wenigstmöglichen Kenntnissen, den größt-möglichen Anschein davon zu geben; eine Aufgabe aus einer Mathematik, die unsere sonoren Philosophen und Aristarchen verstehen und ausüben, ut apes Geometriam. Denn wo ist es leichter sich das Ansehen eines denkenden Kopfs zu geben als in Untersuchungen, wo Schwierigkeit etwas Zusammenhängendes und Bleibendes zu sagen an physische Unmöglichkeit grenzt, und wo folglich der graubärtige Untersucher immer Verwirrung und Ungewißheit genug antreffen muß, auch die Beobachtung des jüngsten Plunderkopfs wichtig zu finden? Überdas erwirbt die vermeintliche Einweihung in die Mysterien der Physiognomik in der Gesellschaft, zumal der schwachen, jene Art heimlichen, und daher schmeichelhaften Zutrauens, welches gutherzige Geschöpfe und Mädchen nie denen versagen, die die natürliche Schwachheit ihres Herzens näher kennen als die Menge. Es ist ein Mittel zwischen Freundschaft und Liebe, und ähnlicht darin einem gewissen Kredit der Hebammen, denen, wie man mir gesagt hat, auch die ledigen, unschuldigen Mädchen gewogen sein sollen. Das übrige, was ich noch zu sagen habe, betrifft einen Gegenstand, von welchem ich mich, so angenehm er mir auch zwischen meinen vier Wänden sein mag, nicht gern öffentlich unterhalte: *Mich selbst.* Ich halte es aber für meine Pflicht eine kurze und aufrichtige Rechenschaft von meinen physiognomischen Bemühungen zu geben. Leid ist es mir, daß ich es *selbst* tun muß, indessen wäre auch rechtskräftige Bestättigung von allem was ich sagen werde, noch zur Zeit in meinen Händen, und ich bin außerdem stolz genug zu glauben, daß wenigstens einige in der Abhandlung gemachte Anmerkungen, so lang bis mir jene abgefordert wird, die Stelle vertreten werden.

Von meiner ersten Jugend an waren Gesichter und ihre Deutung eine meiner Lieblings-Beschäftigungen. Ich habe mich und andere gezeichnet, ehe ich die geringste Absicht sah. Ich habe nicht einzelne Blätter, sondern Dutzende von Bogen voll Gesichter gekritzelt und ihre Bedeutung nach einem dunkeln Gefühl darunter geschrieben; oft mit einzeln Worten und oft in Zeilen: *Ökonomie; noch zur Zeit nicht gehenkt* u.d.gl. Sehr früh habe ich mir Dinge unter Bildern gedacht, die sich andere entweder nicht unter diesen Bildern denken, oder wenigstens mit dem Bleistift auszudrücken nicht in sich selbst erwacht genug sind. Daß die Distanz von 1 bis 100 in unserer Vorstellung größer ist als die von 100 bis 500 habe ich sehr früh bemerkt und durch Linien und Flächen auszudrücken gesucht. Ich habe Bilder von Wochentagen gezeichnet, wozu mir Schulzwang und Schulfreiheit, und vermutliche Beschaffenheit der Mittagskost, und, wo ich mich selbst verstehe, der Laut des Worts die Striche hergaben. Der Tisch wird noch in D. vorhanden sein, auf den ich, zu nicht geringem Vergnügen meiner Spielgefährten, vor fast 20 Jahren, das Bild mit Dinte zeichnete, das ich mir von dem halbfreien, wochehalbierenden und zwischen Freiheit und Zwang selbst wieder geteilten, wohltätigen Mittewochen machte. Die Schlüsse, die ein feinerer Kopf, als der meinige, hieraus auf meine übrigen Fälligkeiten ziehen mag, achte ich in der Tat wenig. Es ist unendlich schwerer der Welt glauben zu machen man sei, was man nicht ist, als würklich zu werden, was man zu sein scheinen will. Es ist ein Unterschied zwischen Quinquenniums-Kredit und Nachruhm. Die Menschen können hier und da hintergangen werden, der Mensch nie. Ich setze diese Ausschweifungen her, und überlasse dem Leser sich selbst den Faden aufzusuchen, durch den sie mit Physiognomik zusammenhängen. In der Abhandlung selbst wird einiges vorkommen, was die Aufsuchung erleichtert.

Im Jahr 1765 und 1766 las ich drei Abhandlungen im hiesigen historischen Institut öffentlich vor, die ich aber nachher unterdrückte. Sie setzten eine Idee auseinander, die ich mir damals von einer vollkommenen Schilderung eines Charakters in einer Geschichts-Erzählung machte, mit einer Anwendung auf einige Charaktere des Sallust. Sie enthielten viel Physiognomisches und waren die hauptsächlichste Veranlassung, daß nachher, als Herrn Lavaters erster Entwurf im Hannoverschen Magazin erschien, ein Göttingischer Lehrer mich für den Verfasser dieses schön geschriebenen Aufsatzes hielt. Die ungegründete, aber für mich allemal schmeichelhafte Mutmaßung dieses Gelehrten munterte mich nicht wenig auf fortzufahren. Ein junger Schwede von ungewöhnlichem Geist, mein vertrauter Freund, bestärkte mich in meinem Vorsatz sowohl durch seine eigne Beobachtungen, als auch durch die Versicherung, daß sein Landsmann Graf Tessin es in Physiognomik ehmals zum Erstaunen weit gebracht haben sollte. Im Jahr 1770 sowohl als in 1774 und 1775 stellte ich in England mit großem Eifer physiognomische Beobachtungen an, die oft so gefährlich waren, als die über die Gewitter-Elektrizität, und einmal hätte nicht viel gefehlt, so wäre ich ein physiognomischer Richmann geworden. Ich habe dort Männer gesehen und gesprochen, berühmte und berüchtigte durcheinander, die mit unter die merkwürdigsten der neuern Zeit gehören, und deren Wert und Unwert, durch das Urteil der besten Köpfe von Petersburg bis Madrid längst entschieden ist. Nicht junge, geniesüchtige, kenntnisleere Köpfe, die von dem Strahl eines Zeitungslobs erwärmt, sich ein wenig erheben, und bald darauf zu Tausenden auf immer hinfallen; keine von unsern berühmten nachäffenden Originalen, deren Ruhm erst von einer freundschaftlichen Kandidaten- Junta posaunt, nun nur noch als Echo aus leeren Köpfen widerhallt, und deren Profile demohngeachtet gebraucht worden sind, Punkte für die physiognomische Linie der Kraft zu finden. O was wird die Nachwelt sagen, wenn sie von der daunigten, hinbrütenden Wärme des Genies und dem Wort: *Es werde*, das man von den Schattenrissen dieser Leute, so zuverlässig weglas, als hätte es Dieterich dahin gedruckt, nicht eine Spur in den Werken derselben finden wird? Wie wird sie lächeln, wenn sie dereinst an die bunten Wörtergehäuse, die schönen Nester ausgeflogener Mode, und die Wohnungen weggestorbener Verabredung anklopfen, und alles, alles leer finden wird, auch nicht den kleinsten Gedanken, der mit Zuversicht sagen könnte: *herein?*

Allein was war am Ende das Resultat aller meiner Bemühungen? Nichts, als ein wenig nähere Bekanntschaft mit dem Menschen und mir, und dann ein Mißtrauen gegen alle Physiognomik, das einen so gänzlichen Bruch zwischen ihr und mir veranlaßte, daß ich fürchte zu einer Ausbesserung desselben oder selbst nur zum Entschluß es wieder zu versuchen, würde mehr Zeit nötig sein, als ich zu leben hoffen kann. Einige Gründe hiervon stehen in der Abhandlung. Alle anzugeben hinderte mich zweierlei: Einmal, die Absicht der Schrift, die auch hier wieder als Kalender-Abhandlung erscheint, das ist, mehr für die Menge als den Gelehrten; und dann die gewisse Hoffnung, die mir zu der Gelegenheit ist gemacht worden die übrigen noch in diesem Jahr anzubringen.

Eben da ich dieses schreibe, wird mir der November des Weimarschen Merkurs gebracht, mit der Versicherung, daß sich darin schon jene Gelegenheit zeige. Es war aber nichts; eine bloße postica sanna, (Nachruf nennt sie der Verfasser) die ein gewisser Z. dieser Abhandlung wegen hinter mir anstimmt. Außer einem hofdeutsch-französischen Schimpfwort, und einem für diesen galanten Schriftsteller sehr ungeschickten Übergang von vermeintlichem Spott zu wenig ermunterndem Lob, und am Ende einem kleinen Spaß für die auf dem 3-Groschen-Platz, habe ich wenig gefunden, was wider mich wäre. Was der Verfasser für Physiognomik sagt, ist unbeträchtlich, und in der Abhandlung selbst hinlänglich widerlegt; und was er wider Pathognomik mit Mühe vorbringt, ist wohl aus Mißverständnis dahin gekommen, denn ich, ich selbst habe ihre Untrüglichkeit im Kalender schon besser bestritten als er.

Mein Schattenbild, wenn er es zu haben wünscht, kann er bei dem Verleger abfordern. Ich fürchte aus innerer Überzeugung den Physiognomen für Ehre deswegen so wenig, als jeden andern Handschauer und Zeichendeuter für Brod; und weniger. Ein schwärmender Beobachter, der einmal in seinem System ohne Hoffnung zu einem Zurückzug steckt, ist allemal verdächtig, da hingegen der Hunger, zumal in Gesellschaft des schlauen Betrugs, fast so gut beobachtet als er kocht. Auf Lob oder Tadel, auf meinen Schattenriß gegründet, würde ich nichts erwidern, als: Nimm dich in acht, Voreiliger, der Beifall unserer Zeit ist verdächtig; und doch gebiert Überredung anderer, rückwärts Selbstüberzeugung vor wie nach; unterscheide ihn genau und trenne den Tribut vom Almosen; wäge einmal die Stimmen für und wider dich, die du bisher bloß gezählt hast, und bei jedem Schluß, den du ziehst, frage dich wenigstens einmal ehe du ihn niederschreibst: Ist dieses nicht vielleicht ein Gaßner der mich betrügt?

Über Physiognomik

Gewiß hat die Zollfreiheit unsrer Gedanken und der geheimsten Regungen unsers Herzens bei uns nie auf schwächern Füßen gestanden als jetzt, wenn man aus der Emsigkeit, der Menge und dem Mut der Helden und Heldinnen, die sich wider sie auflehnen, auf ihren baldigen Umsturz schließen darf. Man dringt von allen Seiten auf die zukommlichsten Werke ihrer Befestigung und wo man sonst geheimen Vorrat vermutet, mit einer Hitze ein, die mehr einem Gotisch-Vandalischen Sturm als einer überdachten Belagerung ähnlich sieht, und viele behaupten, eine förmliche Übergabe könne schlechterdings nicht mehr weit sein. Es gibt aber auch eine Menge minder sanguinischer Menschen, die dafür halten, die Seele liege über ihrem geheimsten Schatz noch jetzt so unzukommlich sicher, als vor Jahrtausenden, und lächle über die anwachsenden Babylonischen Werke ihrer stolzen Stürmer, überzeugt, daß sich, lange vor ihrer Vollendung, die Sprachen der Arbeiter verwirren, und Meister und Gesellen auseinander gehen werden.

Die Sache, wovon hier die Rede ist, ist die Physiognomik, und die erwähnten Parteien kein geringer Teil der guten Gesellschaft unsers Vaterlandes. Nach beider Grundsätzen lassen sich zerstreute Anmerkungen darüber in einem Taschen-Kalender rechtfertigen. Nach ersteren ist es das epochemachende Weltumschaffende, und nach letzteren Brauchbarkeit für das Jahr 1778 bei der Toilette.

Der Verfasser ist nicht von der Partei jener Belagerer, und man wird also in nachstehendem Aufsatz keinen förmlichen Unterricht in der Physiognomik erwarten. Es ist auch in der Tat zu dieser Zeit Unterricht nicht mehr so nötig, als es die Ermahnung ist, ihn an den bekannten Orten mit Behutsamkeit und selbst mit Mißtrauen zu suchen; und diese allein enthält der Aufsatz. Denn ob Physiognomik überhaupt, auch in ihrer größten Vollkommenheit, je Menschenliebe befördern werde, ist wenigstens ungewiß: daß aber mächtige, beliebte und dabei tätige Stümper in ihr, der Gesellschaft gefährlich werden können, ist gewiß. Indessen alle Aufsuchung physiognomischer Grund-Regeln hemmen zu wollen, hat der Verfasser so wenig die Absicht als das Vermögen, und ferne sei es von ihm, sich Bemühungen zu widersetzen, die vielleicht, wie die ihnen ähnlichen, den Stein der Weisen zu finden, auf nützlichere Dinge leiten können, als ihr Zweck, ich meine: in diesen traurigen Tagen der falschen Empfindsamkeit Beobachtungsgeist aufwecken, zu Selbsterkenntnis führen und den Künsten vorarbeiten.

Um allem alten Mißverständnis auszuweichen und neuem vorzubeugen, wollen wir hier einmal für allemal erinnern, daß wir das Wort Physiognomik in einem eingeschränkteren Sinn nehmen, und darunter die Fertigkeit verstehen, aus der Form und Beschaffenheit der äußeren Teile des menschlichen Körpers, hauptsächlich des Gesichts, ausschlüßlich aller vorübergehenden Zeichen der Gemütsbewegungen, die Beschaffenheit des Geistes und Herzens zu finden; hingegen soll die ganze Semiotik der Affekten oder die Kenntnis der natürlichen Zeichen der Gemütsbewegungen, nach allen ihren Gradationen und Mischungen Pathognomik heißen. Das letztere Wort ist schon zu diesem Gebrauch vorgeschlagen worden. Es wird hier nicht nötig sein ein neues Wort zu machen, das beide unter sich faßte, oder welches besser wäre, statt des erstem ein anderes zu suchen, und dann Physiognomik zum allgemeinen Ausdruck anzunehmen, wie jetzt gewöhnlich ist, und wie es auch deswegen in der Aufschrift zu diesem Aufsatz genommen worden.

Niemand wird leugnen, daß in einer Welt, in welcher sich alles durch Ursache und Wirkung verwandt ist, und wo nichts durch Wunderwerke geschieht, jeder Teil ein Spiegel des Ganzen ist. Wenn eine Erbse in die Mittelländische See geschossen wird, so könnte ein schärferes Auge als das unsrige, aber noch unendlich stumpfer als das Auge dessen, der alles sieht, die Wirkung davon auf der Chinesischen Küste verspüren. Und was ist ein Lichtteilgen, das auf die Netzhaut des Auges stößt, verglichen mit der Masse des Gehirns und seiner Äste, anders? Dieses setzt uns oft in den Stand, aus dem Nahen auf das Ferne zu schließen, aus dem Sichtbaren auf das Unsichtbare, aus dem Gegenwärtigen auf das Vergangene und Künftige. So erzählen die Schnitte auf dem Boden eines zinnenen Tellers die Geschichte aller Mahlzeiten, denen er beigewohnt hat, und eben so enthält die Form jedes Landstrichs, die Gestalt seiner Sandhügel und Felsen, mit natürlicher Schrift die Geschichte der Erde, ja jeder abgerundete Kiesel, den das Weltmeer auswirft, würde sie einer Seele erzählen, die so an ihn angekettet würde, wie die unsrige an unser Gehirn. Auch lag vermutlich das Schicksal Roms in dem Eingeweide des geschlachteten Tieres, aber der Betrüger der es darin zu lesen vorgab, sah es nicht darin. Also wird ja wohl der innere Mensch auf dem äußeren abgedruckt sein? Auf dem Gesicht, von dem wir hier hauptsächlich reden wollen, werden Zeichen und Spuren unserer Gedanken, Neigungen und Fähigkeiten anzutreffen sein. Wie deutlich sind nicht die Zeichen, die Klima und Hantierung dem Körper eindrücken? und was ist Klima und Hantierung gegen eine immer würkende Seele die in jeder Fiber lebt und schafft? An dieser absoluten Lesbarkeit von allem in allem zweifelt niemand. Auch ist es nicht nötig, zum Beweis, daß es eine Physiognomik gebe, Exempel in Menge beizubringen, wo man aus dem Äußern eines Dinges auf das Innere zu schließen pflegt, wie einige Schriftsteller getan haben. Der Beweis wird sehr kurz, wenn man sagt: unsere Sinne zeigen uns nur Oberflächen, und alles andere sind Schlüsse daraus. Besonderes Tröstliches folgt hieraus für Physiognomik, ohne nähere Bestimmung, nichts, da eben dieses Lesen auf der Oberfläche die Quelle unserer Irrtümer, und in manchen Dingen unserer gänzlichen Unwissenheit ist. Wenn das Innere auf dem Äußern abgedruckt ist, steht es deswegen für unsere Augen da? und können nicht Spuren von Wirkungen, die wir nicht suchen, die bedecken und verwirren die wir suchen? So wird nichtverstandene Ordnung endlich Unordnung, Wirkung nicht zu erkennender Ursachen Zufall, und wo zu viel zu sehen ist, sehen wir nichts. Das Gegenwärtige, sagt ein großer Weltweiser[9] , von dem Vergangenen geschwängert, gebiert das Künftige. Sehr schön. Aber was für eiteles, elendes Stückwerk ist nicht gleich unsere Wetterweisheit? Und nun gar unsere prophetische Kunst! Trotz den Bänden meteorologischer Beobachtungen ganzer Akademien, ist es noch immer so schwer vorherzusagen, ob übermorgen die Sonne scheinen wird, als es vor einigen Jahrhunderten gewesen sein muß, den Glanz des Hohenzollerischen Hauses vorauszusehn. Und doch ist der Gegenstand der Meteorologie, so viel ich weiß, eine bloße Maschine, deren Triebwerk wir mit der Zeit näher kommen können. Es steckt kein freies Wesen hinter unsern Wetterveränderungen, kein eigensinniges, eifersüchtiges, verliebtes Geschöpf, das um einer Geliebten

---

[9] Leibniz.

willen einmal im Winter die Sonne wieder in den Krebs führte. Entwickelten sich unsere Körper in der reinsten Himmelsluft, bloß durch die Bewegungen ihrer Seelen modifiziert, und durch keine äußere Kräfte gestört und bequemte sich die Seele wiederum rückwärts mit analogischer Biegsamkeit nach den Gesetzen, denen der Körper unterworfen ist: so würde die herrschende Leidenschaft, und das vorzügliche Talent, ich leugne es nicht, bei verschiedenen Graden und Mischungen verschiedene Gesichtsformen hervorbringen, so wie verschiedene Salze in verschiedene Formen anschießen, wenn sie nicht gestört werden. Allein gehört denn unser Körper der Seele allein zu, oder ist er nicht ein gemeinschaftliches Glied sich in ihm durchkreuzender Reihen, deren jeder Gesetz er befolgen, und deren jeder er Gnüge leisten muß? So hat jede einfache Steinart im reinsten Zustand ihre eigne Form, allein die Anomalien, die die Verbindung mit andern hervorbringt, und die Zufälle, denen sie ausgesetzt sind, macht, daß sich auch oft der Geübteste irrt, der sie nach dem Gesicht unterscheiden will. So steht unser Körper zwischen Seele und der übrigen Welt in der Mitte, Spiegel der Wirkungen von beiden; erzählt nicht allein unsere Neigungen und Fähigkeiten, sondern auch die Peitschenschläge des Schicksals, Klima, Krankheit, Nahrung und tausend Ungemach, dem uns nicht immer unser eigner böser Entschluß, sondern oft Zufall und oft Pflicht aussetzen. Sind die Fehler, die ich in einem Wachsbilde bemerke, alle Fehler des Künstlers, oder nicht auch Wirkungen ungeschickter Betaster, der Sonnenhitze oder einer warmen Stube? Äußerste Biegsamkeit des Körpers, Perfektibilität und Korruptibilität desselben, deren Grenze man nicht kennt, kommt hierin dem Zufall zustatten. Die Falte die sich bei dem einen erst nach tausendfacher Wiederholung derselben Bewegung bricht, zeigt sich bei dem andern nach weniger; was bei dem einen eine Verzerrung und Auswuchs verursachet, den selbst die Hunde bemerken, geht dem andern unbezeichnet, oder doch menschlichen Augen unmerkbar hin. Dieses zeigt, wie biegsam alles ist, und wie ein kleiner Funke das Ganze in dem auffliegen macht, der in dem andern kaum einen versengten Punkt zurückläßt. Bezieht sich denn alles im Gesicht auf Kopf und Herz? Warum deutet ihr nicht den Monat der Geburt, kalten Winter, faule Windeln, leichtfertige Wärterinnen, feuchte Schlafkammern, Krankheiten der Kindheit aus den Nasen? Was bei dem Manne Farbe wirkt, wirkte bei dem Kind Form, grünes Holz wirft sich bei dem Feuer an dem ein trocknes bloß braun wird. Daher vermutlich die regelmäßigeren Gesichtszüge der Vornehmen und Großen, die sicherlich weder an Geist noch Herz Vorzüge besitzen, die wir nicht auch erreichen könnten. Oder ist Versehen der Seele und der Amme einerlei, und wird die erstere nach der Verdrehung ihres Körpers ebenfalls verdreht, daß sie nun gerade einen solchen bauen würde, wenn sie wieder einen zu bauen kriegte? Wie? Oder füllt die Seele den Körper etwa wie ein elastisches Flüssige, das allzeit die Form des Gefäßes annimmt: so daß, wenn eine platte Nase Schadenfreude bedeutet, der schadenfroh wird, dem man die Nase platt drückt? Ein rohes Beispiel, aber mit Fleiß gewählt. In unserm Körper selbst und den Säften desselben liegen hundert Quellen von gleich merklichen, aber minder gewaltsamen Veränderungen. Ferner, ihr leugnet nicht, daß lange nach Formierung der festen Teile des Körpers der Mensch einer Verbesserung und Verschlimmerung fähig ist. Aber überzieht sich die blanke Stirne mit Fleisch, oder stürzt die konvexe ein, wenn das Gedächtnis verschwindet? Mancher kluge Kerl fiel auf seinen Kopf und wurde ein Narr, und ich erinnere mich in den Memoiren der Pariser Akademie gelesen zu haben, daß dort einmal ein Narr auf den Kopf stürzte und klug wurde. In beiden Fällen wünschte ich das Schattenbild des Antezessors neben dem Schattenbild seines Sukzessors zu sehen, um die Lippen und Augen- Knochen beider zu vergleichen. Die Beispiele sind freilich gesucht. Allein wollt ihr denn bestimmen, wo Gewalttätigkeit anfängt und Krankheit aufhört? Die Brücke die zwei Ideen-Reihen verbindet, kann so gut einstürzen, wenn ich mich erkälte, als wenn ich auf den Kopf falle, und am Ende wäre wohl gar Mensch sein so viel als krank sein. Ich habe in meinem Leben etwa 8 Sektionen vom menschlichen Gehirn beigewohnt, und aus wenigstens fünfen wurden die falschen Schlüsse wie rote Fäden herausgezogen und die Lapsus memoriae wie Sandkörner. Also schon hieraus (unten wird mehreres vorkommen) sieht man, wie unvorsichtig es ist, aus Ähnlichkeit der Gesichter Ähnlichkeit der Charaktere zu schließen, auch wenn diese Ähnlichkeit vollkommen wäre; allein wer ist denn der Richter über sie? Ein hinfälliger Sinn, dessen Eindruck durch vorgreifende Schlüsse und assoziierte Vorstellungen so leicht geschwächt und verdreht wird, daß es noch in weit einfacheren Fällen als dieser, wo keine Leidenschaften mitwirken, und selbst nach erwiesenem Irrtum, fast unmöglich ist, Urteil von Empfindung zu trennen.

Wäre man einmal so weit, daß man mit Zuverlässigkeit sagen könnte, unter 10 Bösewichtern etc. sah immer einer so aus, so könnte man Charaktere so berechnen, wie Mortalität. Allein hier zeigen sich gleich unübersteigliche Schwierigkeiten, völlig von dem Schlag derer, denen die Prophetik ihre Zuverlässigkeit zu danken hat. Denn obgleich im gemeinen Leben, unter dem geschriebenen Gesetz und vor dem menschlichen Richter die Entscheidung über den Charakter leicht sein mag, so ist es doch, wo nicht eine einzige Tat gerichtet, sondern auf einen ganzen Charakter geschlossen werden soll, sehr schwer, und vielleicht unmöglich in einem besondern Fall zu sagen, was ein Bösewicht sei; und an Wahnsinn grenzende Vermessenheit zu sagen, derjenige der aussieht, wie der Kerl, den dieses oder jenes Städtgen für einen Bösewicht hält, ist auch einer. Es ist eine kurrente Wahrheit: Daß es wenig böse Taten gibt, die nicht aus Leidenschaften verübt worden wären, die bei einem andern System von Umständen, der Grund großer und lobenswürdiger hätten werden können. So abgeschmackt freilich eine solche Entschuldigung nach vollbrachter Übeltat wäre, so sehr verdient sie bei dem noch unbescholtenen oder wenigstens unbekannten Mann erwogen zu werden, der eine Voraussetzung von meiner Vernunft von Gott und Rechts wegen fordern kann, die jener meiner Menschenliebe abbettelte. Was wollt ihr also aus Ähnlichkeit der Gesichter, zumal seiner festen Teile, schließen, wenn derselbe Kerl, der gehenkt worden ist, mit allen seinen Anlagen unter andern Umständen statt dem Strick den Lorbeer hätte empfangen können? Gelegenheit macht nicht Diebe allein, sie macht auch große Männer. Hier hilft sich der Physiognome leicht, er sucht ein Prädikat, das vom großen Mann und vom Spitzbuben zugleich gilt: Sie hatten beide große Anlage. Eine herrliche Ausflucht! Wer mir noch hundert solcher Delphischen Wörter gibt, dem will ich den Ausgang des Amerikanischen Kriegs voraussagen. Um aller Welt willen, was ist für uns in praxi eine verdorbene gute Anlage? nichts weiter als eine grade Linie die man krumm gebogen hat; eine krumme. Niemand kennt seine guten und bösen Fähigkeiten alle. Es wäre eine Art von psychologischem Schachspiel, und ein unerschöpfliches Feld von lehrreicher Beschäftigung für die dramatischen Dichter und Romanenschreiber, zu gewissen gegebenen Graden von Fähigkeiten und Leidenschaften Umstände und Vorfälle zuzuerfinden, um den Knaben, der sie besitzt, nach jedem gegebenen Auftritt durch wahrscheinliche Schritte hinzuleiten. Ich glaube, wenn wir den Menschen genau kennten, so würden wir finden, daß die Auflösung selten unmöglich werden würde, und daß, wenn wir diejenigen meiden wollten, die unter einem gewissen System von Umständen gefährlich werden können, wir 99 in 100 meiden müßten. Und diese Perfektibilität oder Korruptibilität, die weiter nichts ist, als erstere in entgegengesetzter Richtung würkend, ist es eben, was den Menschen macht, und was ihn von dem Sprengel der Physiognomik auf ewig ausschließen wird. Er steht allein auf dieser Kugel, wie Gott, der ihn nach seinem Bilde geschaffen hat, allein in der Natur. Gesetzt der Physiognome haschte den Menschen einmal, so käme es nur auf einen braven Entschluß an sich wieder auf Jahrhunderte unbegreiflich zu machen. Das Vertrauen auf Physiognomik mußte also allerdings in einem Lande zunehmen, wie Deutschland, in welchem, aus den Schriften abzunehmen, worin sie sich zeigen könnte, die Selbstbeobachtung und Kenntnis des Menschen in einem fast schimpflichen Verfall liegt, und in einer Entnervung schmachtet, aus welcher sie allein nur, sollte man denken, der stärkende Winterschlaf einer neuen Barbarei zu ziehen im Stande ist. Es ist hier der Ort nicht es zu beweisen. Ich bin aber überzeugt, daß die besten Köpfe meines Vaterlands mit mir stimmen werden, und es wird sich hoffentlich bald die lang gewünschte Gelegenheit finden, es auch den schwächeren durch Beispiele aus den Schriften ihrer Götzen begreiflich zu machen.

Eine nicht genügsame Beherzigung einiger dieser Wahrheiten, verbunden mit ungewöhnlicher Unbekanntschaft mit der Welt und dem Menschen, und einem eben daher entspringenden Unheil stiftenden Bestreben Heil zu stiften, dem ein Teil unsers Publikums, frommschwärmend da glaubt, wo es höchstens verzeihen sollte, haben, als wäre alles andere schon außer Streit, nun gar den äußerst unüberlegten und niederschlagenden Gedanken erzeugt, die schönste Seele bewohne den schönsten Körper, und die häßlichste den häßlichsten. Also mit einer bloßen Veränderung der Metaphor, vielleicht auch die größte Seele den größten und die gesundeste den gesundesten? Gütiger Himmel! was hat Schönheit des Leibes, deren ganzes Maß ursprünglich vielleicht verfeinerte und unter Nebenideen ihre Grobheit versteckende sinnliche Lust ist, und deren Zweck hier erreicht wird, mit Schönheit der Seele zu tun, die mit dieser Lust so sehr streitet und sich in die Ewigkeit erstreckt? Soll das Fleisch Richter sein vom Geist» Der Verfasser glaubt, und wird am Ende alles dahin zusammenziehen, daß Tugend, und zumal die himmlische Aufrichtigkeit und Bewußtsein der Unschuld, einem Gesicht in den Augen ihres Kenners, große und unaussprechliche Reize mitteilen. Allein es ist Unerfahrenheit, und antiquarische Pedanterei, zu glauben, diese Schönheit sei das, was Winckelmann Schönheit nennt. Der Verfasser hat einiges erworbene Gefühl auch für die letztere, muß aber aufrichtig bekennen, daß er in Gesichtern redlicher Personen beiderlei Geschlechts, die von Leuten, die ihre Tugend nicht kannten, für häßlich gehalten wurden, Ausdrücke gesehen hat, die er gegen alle die uns eingepredigten Reize, und oft aus mehr Gefälligkeit als Gefühl gerühmte Gesichter des Landes wo die Banditen schön sind, nicht vermißt haben wollte. Der obige Gedanke, der hier keine förmliche Widerlegung erhalten kann, und überhaupt kaum einer ernstlichen würdig ist, hat noch einen andern erzeugt, nämlich durch Verschönerung der Seele endlich den Körper zu Idealen griechischer Künstler hinauf zu formen. Tugend und Aufrichtigkeit mögten hierbei wenigstens allein nicht hinlänglich sein, sonst könnten wir leicht den Weg verfehlen, und für alle unsere Mühe mit den Affengesichtern der Einwohner von Mallicolo belohnt werden, die der Hauptmann Cook auf seiner letzten Reise besucht hat, und deren Redlichkeit und Häßlichkeit gleich merkwürdig und fast unerhört war. Hingegen möchte der kürzeste Weg, unsere deutsche Gesichter jenen griechischen zu nähern, wobei aber unsere Tugend vielleicht nicht viel gewinnen würde, wohl der sein, auf welchem die Engländer ihre Schafe und Pferde spanischen und arabischen Idealen genähert haben. Wie ein solcher Satz, der nicht erwiesen, sondern bloß exklamiert worden ist, der nie erwiesen werden wird, und nicht erwiesen werden kann, noch hier und da hat Eingang finden können, ist kaum, und nur in dem jetzigen Deutschland begreiflich. Denn sind nicht die Geschichtbücher und alle große Städte voll von schönen Lasterhaften? Freilich, wer schöne Spitzbuben, glatte Betrüger und reizende Waisenschinder sehen will, muß sie nicht gerade immer hinter den Hecken und in Dorf-Kerkern suchen. Er muß hingehen, wo sie aus Silber speisen, wo sie

Gesichter-Kenntnis und Macht über ihre Muskeln haben, wo sie mit einem Achselzucken Familien unglücklich machen, und ehrliche Namen und Kredit über den Haufen wispern, oder mit affektierter Unschlüssigkeit wegstottern. Die Anlage war da, antwortet alsdann der Physiognome, aber der korruptible Mensch hat sich selbst verdorben. Die Anlage? Wozu? Zu dem was erfolgte oder dem was nicht erfolgte? Lehrst du weiter nichts, mögte ich antworten, so ist dein Buch des Aufmachens nicht wert. Was der Mensch könnte geworden sein, will ich nicht wissen. Was hätte nicht jeder werden können? Sondern ich will wissen was er ist. Und doch auch von der Seite wieder genommen, wenn (um ein abgenutztes Beispiel noch einmal zu nutzen) Zopyrus dem Sokrates seine böse Anlage im Gesicht sah, warum sah er denn die stärkere Kraft nicht jene zu verbessern und sein eigner Schöpfer zu werden? Denn wenn die erstere in einem Faunskopf stecken mußte, so verdiente die letztere fürwahr ein Familien-Gesicht des Jupiter. So geht jetzt, da ich dieses schreibe, der Verbrecher ohnegleichen, (und das ist er gewiß) der Nachtmahlvergifter, selbst in Zürch, unerkannt herum, also doch wohl mit einem Gesicht das seinesgleichen hat. Der Schauspieler Macklin in London, von dessen Gesicht Quin den bekannten Ausspruch tat: Wenn dieser nicht ein Schelm ist, so schreibt Gott keine leserliche Hand, erhielt im Jahr 1775, von Lord Mansfield vor einer großen Versammlung in Kings Bench öffentliches Lob, wegen seines höchst edlen und großmütigen Verfahrens gegen seine nichtswürdigen und zum Teil reizend gebildeten Feinde. Diese hatten gesucht, ihn seiner Verdienste wegen um Brod und Kredit zu bringen, und er erließ ihnen eine schwere Genugtuung, zu der sie verdammt worden waren, mit einer Art, die selbst diese Schelmen rührte. Dieser Zug aus dem Leben dieses ehrlichen und berühmten Mannes verdiente wenigstens ebenso bekannt zu werden, als jener Ausspruch des liederlichen Quin. Macklin lebt jetzt ruhig, von seinen Feinden selbst verehrt, da Dr. Dodd, dem seine seichten Deklamationen nicht den Zulauf würden verschafft haben, wenn er nicht der einnehmende Mann gewesen wäre, am Galgen gestorben ist. Ich kenne einen denkenden Kopf, der sich den Teufel als die schönste Person denkt, als einen Engel ohne Flügel. Ich weiß keine Ursache anzugeben, als daß er ein fleißiger Leser des Milton, und aus dem Lande ist, in welchem die meisten, die an den Bettelstab oder den Galgen kommen, durch Engel ohne Flügel dahin gebracht werden. Freilich müssen wir das schöne Gesicht nicht oft bei seinen Teufelstaten antreffen, sonst wird es sich bald in unsern Augen verteufeln; und wir werden bald einen vorher unbemerkten Zug abscheulich finden. So verhäßlicht uns das Gesicht eines Feindes tausend andere Gesichter, so wie hingegen die Miene einer Geliebten wiederum Reiz über tausende verbreitet. So fanden Cartesius und Swift, und vermutlich unzählige Unbekannte, das Schielen reizend; und so hat eine lispelnde Zunge, die in einem Juden, der uns um unsere Louisd'or bringt, abscheulich ist, vermutlich manchen meiner Leser um sein Herz gebracht. Ideen-Assoziation erklärt eine Menge von Erscheinungen in der Physiognomik, ohne daß man nötig hätte, zu Schmälerung der Rechte der Vernunft, neue Sinnen anzunehmen, mit denen falsche, bequeme Philosophie und Neuerungs-Geist seit jeher sehr freigebig gewesen sind.

Allein, ruft der Physiognome, Was? Newtons Seele sollte in dem Kopf eines Negers sitzen können? Eine Engels-Seele in einem scheußlichen Körper? der Schöpfer sollte die Tugend und das Verdienst so zeichnen? das ist unmöglich. Diesen seichten Strom jugendlicher Deklamation kann man mit einem einzigen *Und warum nicht?* auf immer hemmen. Bist du Elender, denn der Richter von Gottes Werken? Sage mir erst, warum der Tugendhafte so oft sein ganzes Leben in einem siechen Körper jammert, oder ist immerwährendes Kränkeln vielleicht erträglicher als gesunde Häßlichkeit? Willst du entscheiden, ob nicht ein verzerrter Körper, so gut als ein kränklicher, (und was ist Kränklichkeit anders als innere Verzerrung?) mit unter die Leiden gehört, denen der Gerechte hier, der bloßen Vernunft unerklärlich, ausgesetzt ist? Sage mir, warum Tausende mit Gebrechen geboren werden, einige Jahre durchwinseln und dann wegsterben? Warum das hoffnungsvolle Kind, die Freude seiner Eltern, dahinstirbt, wenn sie anfangen seiner Hülfe zu bedürfen, warum andere gleich nach ihrem Eintritt in die Welt wieder hinaus müssen, und nur geboren werden um zu sterben? Löse du mir diese Aufgaben auf, so will ich dir die deinigen auflösen. Wenn du einmal eine Welt schaffst, oder malst, so schaffe und male das Laster häßlich, und alle giftige Tiere scheußlich, so kannst du es besser übersehen, aber beurteile Gottes Welt nicht nach der deinigen. Beschneide du deinen Buchsbaum wie du willst, und pflanze deine Blumen nach dir verständlichen Schattierungen, aber beurteile nicht den Garten der Natur nach deinem Blumengärtchen. Hieraus lassen sich die Beweise widerlegen, die man für die Physiognomik aus Christus- Köpfen hat herleiten wollen. Und doch auch, dem Physiognomen nicht mit bloßem Räsonnement zu begegnen, ließe sich, wenn hier der Ort dazu wäre, leicht zeigen, wie wenig Trost er aus den Physiognomien der Wilden für sein System zu hoffen hat. Ich will nur etwas weniges für den Neger sagen, dessen Profil man recht zum Ideal von Dummheit und Hartnäckigkeit und gleichsam zur Asymptote der Europäischen Dummheits- und Bosheits-Linie ausgestochen hat. Was Wunder? da man Sklaven, Matrosen und Pauker, die Sklaven waren, einem Candidat en belles lettres gegenüberstellt. Wenn sie jung in gute Hände kommen, wo sie geachtet werden, wie Menschen, so werden sie auch Menschen; ich habe sie bei Buchhändlern in London über Büchertitul sogar mit Zusammenhang plaudern hören, und mehr fürwahr verlangt man ja kaum in Deutschland von einen Bel-Esprit. Sie sind äußerst listig, dabei entschlossen und zu manchen Künsten außerordentlich aufgelegt, und sollten daher, da der Versuche mit ihnen noch so wenige sind, gar nicht von Leuten verachtet werden, die immer von Anlage ohne Bestimmung und Kraft ohne Richtung plaudern. Gegen ihre Westindischen Schinder sind sie nicht treulos, denn sie haben ihren Schindern keine Treue versprochen. Der weiße dünnlippige Zuckerkrämer ist der Nichtswürdige im Handel. Jeder brave Deutsche, mit dem sein Nebenmensch gleichen Viehhandel treiben wollte, würde gleiche Unbiegsamkeit beweisen. Vergeht sich irgend einer einmal auch gegen einen guten Herrn, so bedenke man, was bei uns, im Licht der wahren Religion, Vorurteil, Auferziehung, Aufhetzung nicht vermocht hat; bloß die Wörtgen *es ist* und *es bedeutet*; dort gilts die Wörter *Freiheit* und *geschunden werden*. Wo aber der Funke aus dem Lichtmeer der Gottheit, *Vernunft* einmal glimmt, da kann auch eine Flamme entstehen, wenn man sie anzufachen weiß, und gewiß ist die Hälfte von dem, was uns Krämer und unphilosophische Reisebeschreiber, die immer nur bestättigen oder zusetzen, von ihnen sagen, nicht wahr. Das ruhige Durchschauen durch verjährte Vorurteile; die Scharfsichtigkeit durch das verwilderte Gebüsch den graden Stamm zu erkennen; die philosophische Selbstverleugnung, zu gestehen man habe nichts Wunderbares gesehen, wo alles von Wundern wimmeln soll, und die von Durst nach lauterer Wahrheit und von Menschenliebe begleitete Unparteilichkeit ohne Menschenfurcht, ist ein kostbarer Apparatus, der selten mit an Bord genommen wird, wenn man nach entfernten Ländern segelt; im Reich der Körper, so gut als der Gedanken. Doch, alles dieses weggeschmissen, wäre es nicht Unsinn zu sagen, weil der Mohr dumm und tückisch ist, so ist es der Deutsche ebenfalls, dessen Nase und Lippe sich der Lippe und Nase des Schwarzen nähern, oder ähnlicht ihm mit der Verhältnis im Charakter, nach welcher sich Nase und Lippe ähnlich sind, da der eine eines sanften Himmels genoß, während der andere von dem seinigen bis in den Sitz der Seele geröstet und gekocht wird? Andere Umstände zu geschweigen. Was ist Unsinn wenn dieses keiner ist?

Die Seele baut aber doch ihren Körper und kann man nicht aus dem Gebäude auf den Baumeister schließen? Dieses unnütze Lieblings-Sätzgen der Physiognomen kann man ohne Anstand zugeben, wenn man sich vorläufig über den Begriff von *bauen* vereinigt, und die kleine Einschränkung macht, daß man, um dieses Urteil richtig zu fällen, auch die ganze Absicht des Gebäudes kennen müsse. Offenbar bauen wir unsere Körper nicht so, wie wir Backöfen bauen, und ohne die Einschränkung könnte ein Grönländer, der etwa ein Gradier-Haus sähe, auch schließen: der diese Wohnung baute, war sicherlich ein Thor, erst läßt er den Wind durch die Wände streichen, und dann sorgt er obendrein dafür, daß es auch bei heiterem Himmel nicht an Regenwetter fehlt. Diesem guten Tropf würde ich antworten: Lerne erst das Land kennen, in welchem dieses Gebäude steht, so wirst du, wenn du je so weit kommst, die Weisheit bewundern müssen womit es aufgeführt ist.

Wenn man sich ein wenig umsieht, so wird man finden es fehlt dem Physiognomen in dieser Art zu schließen nicht an Gesellschaft, die ihm auf alle Art Ehre macht. Der, der zuerst dem unendlich guten Wesen ein unendlich böses zugesellte, und die klugen Köpfe, die noch jetzt den Teufel anbeten, haben vermutlich durch Schmerz, Erdbeben, Pestilenz und Krieg verleitet ihre ähnlichen Schlüsse gezogen. Ein trauriges Beispiel wohin Vernunft ohne Offenbarung führen kann, und desto trauriger je verzeihlicher. Der Schluß aus den Werken der Natur auf einen allmächtigen, allgütigen und all weisen Schöpfer, ist mehr ein Sprung der instruierten Andacht, als ein Schritt der Vernunft. Die Natur zeigt ihrem eingeschränkten Beobachter nichts als einen Urheber, der ihn weit übertrifft. Wie weit? das sagt sie ihm nicht. Die Offenbarung versichert, es sei unendlich weit, und nach dem jetzigen Anschein zu urteilen werden auch Tausende von Jahrhunderten dem endlichen Beobachter keinen Grund an die Hand geben an jener Versicherung mit Vernunft zu zweifeln. Ja es macht dem menschlichen Geist nicht wenig Ehre, daß er bereits tief genug in jene Weisheit hineinschaut, zu vermuten, das, was er übersieht, sei gegen das ganze ein *Nichts*. Also Du, der du glaubst die Seele schaffe ihren Körper, horche auch du auf das, was Sie dir auf einem andern Weg, als dem ihres Geschöpfs offenbart: halte den für weise, der weise handelt, und den für rechtschaffen, der Rechtschaffenheit übt, und laß dich nicht durch Unregelmäßigkeit in der Oberfläche irren, die in einen Plan gehören, den du nicht übersiehst, in den Plan desjenigen, nach dessen Vorschrift die Seele wenigstens ihren Körper bauen mußte, wenn sie ihn gebaut hat. Rede, sagte Sokrates zum Charmides, damit ich dich sehe, und *an ihren Früchten sollt ihr sie erkennen*, steht in einem Buch, das wenig mehr gelesen wird, und, merkwürdig, in einer Rede zweimal hintereinander, von welcher gleichwohl jedes Wort vor Gott gewogen ist.

Allein auf diese Art könnte man die ganze Physik verdächtig machen, antwortet man; wir wissen zwar nicht wie Dummheit und dicke Lippen zusammenkommen, und brauchen es auch nicht zu wissen, genug wir sehen sie beisammen, und das ist hinreichend. Die Antwort hierauf ist längst in allen Logiken gegeben: Das ist es eben worüber wir streiten. Wir geben dem Physiognomen gerne zu, sich unter die Naturlehrer zu zählen, nur muß er keinen größeren Rang unter ihnen behaupten wollen, als der Prophet unter den Staatsklugen. Den eigentlichen Physiker und den Physiognomen kann man schlechterdings nicht zusammenstellen. Der erstere irrt oft menschlich, der andere irrte seit jeher eminent. Der erstere geht mit seinen Schlüssen nie aus der Maschine, deren Gang er kennen lernen will, und deren Räder einförmig und treibende Kräfte scharf bestimmt und unveränderlich sind, heraus; er beobachtet nicht bloß den *natürlichen* Gang des Uhrwerks, sondern versucht auch, und zwingt Erscheinungen, welche, bloß leidend abzuwarten, ein tausendjähriges Leben voll Aufmerksamkeit erfordert hätten, in einen Tag zusammen; und was hundert Jahre von *Versuchen* wiederum nicht hätten lehren können, lehrt ihn eine Stunde *Rechnung*, und monatlange Rechnung wird vielleicht am Ende in ein *Blättern* von 5 Minuten verwandelt. Jeder Körper, mögt ich sagen, den der Physiker mit der Hand umfaßt, ist ihm ein Modell der Schöpfung, mit dem er machen kann, was er will. So ist es freilich kein Wunder, wenn, durch solche Maschinen gehoben, der Mensch eine Höhe erreicht, die ihn schwindeln macht.

Nun betrachte man einmal den Physiognomen, wie hülflos, und doch wie verwegen, er da steht. Er schließt nicht etwa von langem Unterkinn auf Form der Schienbeine, oder aus schönen Armen auf schöne Waden, oder wie der Arzt aus Puls, Gesichts- und Zungenfarbe auf Krankheit, sondern er springt und stolpert von gleichen Nasen auf gleiche Anlage des Geistes, und, welches unverzeihliche Vermessenheit ist, aus gewissen Abweichungen der äußeren Form von der Regel auf analogische Veränderung der Seele. Ein Sprung, der, meines Erachtens nicht kleiner ist, als der von Kometenschwänzen auf Krieg. Wenn ich in einer kurzen Sentenz die Bedeutung jedes Worts nur um einen Zoll verschiebe, so kann sich der Sinn um Meilen ändern. Wohin haben nicht unbestimmte Wörter geführt? Was in der Haushaltung wenig schadete, leitete in Wissenschaften grade nach entgegen gesetzten Richtungen. Ferner ist es dem Physiognomen schon unendlich schwer den ersten festen Punkt zu finden; die erste unleugbare Erfahrung. Ein dummes Fältgen hinter den Mundwinkeln, oder ein Zahn, den man erst beim seltnen Lachen entdeckte, könnten Newtons Nase zur Lügnerin machen, und so von zwei bis ins unendliche. Die innere Verzerrung nicht einmal gerechnet, die, so unmerklich sie auch dem Auge sein könnte, Folgen haben kann, die dem Geist nur allzumerklich sind. Können doch unmerkliche Veränderungen im Gehirn den Tod verursachen, wie viel leichter Sinnesänderung? Wie sind Sinnes-Unterricht und Geistes-Erleuchtung abgewogen? Ein Zusatz von 1 im Sinn, könnte eine Erleuchtung von 1000 bewirken. Die Veränderung des Gehirns immer in der Verhältnis zu sehen, in welcher sich die Veränderung im Geist zeigt, dazu haben wir keinen Sinn. Wir sehen nur Farbe und Figur, und diese kann vom begleitenden Gedanken für einen fremden Sinn so gut um eins abweichen, als um tausend. Das ist einerlei. Eine große Veränderung im Gehirn für unser Auge, könnte eine sehr kleine für die Seele sein, von der es bewohnt wird, und umgekehrt. Und ihr wollt gar aus dem Gewölbe über dieses Gehirn schließen? Doch ich will Worte sparen und werde unverständlich. Was ist nun die Folge aus obigen Betrachtungen? Diese: die Physiognomik wird in ihrem eignen Fett ersticken. In einem Zentner schweren physiognomischen Atlas entwickelt, läge der Mensch nicht um ein Haar deutlicher als jetzt in seinem Leibe. Ein weitläuftiges Werk, und zwar eines, welchem Weitläuftigkeit wesentlich ist, zusammen zu denken, ist fürchterlich, da den Menschen aus der ersten Hand zu studieren uns tausendfaches Interesse des Leibes und der Seele anlockt und antreibt. Endlich ist auch der Physiognome noch von dem Weg, durch Versuche zur Wahrheit zu gelangen, fast gänzlich abgeschnitten: alles dieses zusammen macht seine Sache desperat. Der Semiotiker wird doch noch bald gewahr, ob ihn seine Zeichendeutung trügt. Also von der einen Seite unendlich mehr Schwierigkeit als in der Naturlehre und von der andern sehr viel weniger Hülfe. Was kann daraus werden? Die Achsel zucken und stille schweigen wäre freilich alles, was der gesunde Mensch tun könnte; dem verblendeten Stolz fehlt es nie an Worten. Aber es ist doch gut zu versuchen was man auch hierin vermag? Antwort: nicht ganz, weil das Leiden einer einzigen unschuldigen Seele, während des Versuchs, mehr Rücksicht verdient, als die ganze leere Schwärmerei wert ist. Und ist es nicht schon seit jeher vergeblich versucht, ohne sich ernstlich zu fragen: *Warum?* Gut könnte es am Ende allemal sein, aber, mich dünkt Eichen pflanzen ist besser.

Ist denn aber Physiognomik ganz unsicher? Wir schließen ja täglich aus den Gesichtern, jedermann tut es, selbst die, die wider Physiognomik streiten, tun es in der nächsten Minute, und strafen ihre eigenen Grundsätze Lügen. Diese Einwürfe wollen wir nun näher beleuchten.

Ohnstreitig gibt es eine unwillkürliche Gebärden-Sprache, die von den Leidenschaften in allen ihren Gradationen über die ganze Erde geredet wird. Verstehen lernt sie der Mensch gemeiniglich vor seinem 25. Jahr in großer Vollkommenheit. Sprechen lehrt sie ihn die Natur, und zwar mit solchem Nachdruck, daß Fehler darin zu machen zur Kunst ist erhoben worden. Sie ist so reich, daß bloß die süßen und sauren Gesichter ein Buch füllen würden, und so deutlich, daß die Elefanten und die Hunde den Menschen verstehen lernen. Dieses hat noch niemand geleugnet, und ihre Kenntnis ist was wir oben Pathognomik genannt haben. Was wäre Pantomime und alle Schauspielkunst ohne sie? Die Sprachen aller Zeiten und aller Völker sind voll von pathognomischen Bemerkungen, und zum Teil unzertrennlich mit ihnen verwebt. Man hat sich die Mühe nicht genommen, sie heraus zu suchen und für die Haushaltung besonders vorzutragen, weil man um die Zeit, da man diese Bücher verstehen würde, die Sache schon gemeiniglich besser versteht als sie gelehrt werden kann. Sie ist so unnötig als eine Kunst zu lieben. Sie nach Regeln auszuüben, die die eigne Beobachtung nicht schon gelehrt hätte, würde, in einer wie in der andern, in Irrtum verleiten und lächerlich machen. Hingegen sind unsere Sprachen höchst arm an eigentlich physiognomischen Beobachtungen. Wäre etwas Wahres darin, die Völker hätten es gewiß ebenfalls in diese Archive ihrer Weisheit gelegt. Wo man Spuren antrifft, so sind sie immer verdächtig, und scheinen aus einer einzigen Beobachtung gemacht zu sein, wie Spitzkopf im Deutschen, so können selbst Nomina Propria endlich in Volks-Schimpfwörter übergehen. Laster im Deutschen heißt ursprünglich Verstümmelung und nicht Gebrechen, gehört also zu Poltron. Auch stammt häßlich nicht von hassen. Die Nase kommt in hundert Sprüchwörtern und Redensarten vor, aber immer pathognomisch, als Zeichen vorübergehender Handlung, und niemals physiognomisch, oder als Zeichen stehenden Charakters oder Anlage. Es fehlt ihm über der Nase, sagt man im gemeinen Leben von einem, der nicht viel Verstand hat; nach der neuern Physiognomik müßte man sagen, es fehlt ihm an der Nase. Es gibt allerdings Sprüchwörter, die der Physiognomik das Wort reden, aber was läßt sich nicht mit Sprüchwörtern erweisen. Hüte dich vor den Gezeichneten ist ein Schimpfwort, denen die Gezeichneten, von einer gewissen Klasse der Nicht-Gezeichneten in der Welt seit jeher ausgesetzt gewesen sind. Mit größerem Recht könnten also die Gezeichneten sagen: hüte dich vor den Nicht-Gezeichneten. In einem schönen Leib wohnt eine schöne Seele gehört auch hierher. Auch Fronti nulla fides. Die Sprüchwörter leben in ewigem Krieg, wie alle Regeln, die nicht der Untersuchungsgeist, sondern die Laune gibt. Phädrus antwortet den eben angeführten in der simpeln Sprache der gesunden Vernunft:

Ridicule magis hoc dictum, quam vere aestimo,
Quando et formosos saepe in veni pessimos
Et turpi facie multos cognoni optimos.

Shakespeare, der die entferntesten Begriffe, und die sich vielleicht nie in einem Menschenkopf vorher begegnet sind, zu seiner Absicht zu verbinden weiß, der im Stande war, die Welt ein O, und endlich gar die Schaubühne ein hölzernes O zu nennen; der überdas mehr Bemerkungsgeist und Gabe besitzt, von klaren Dingen mit Deutlichkeit zu reden, als vielleicht noch ein Schriftsteller besessen hat: Dieser Shakespeare ist sehr arm an eigentlich physiognomischen Bemerkungen. Es könnte sein, daß hier und da etwas in ihm steckte; der Verfasser hat ihn nie in der Absicht ganz durchgelesen, aber in acht seiner Stücke, die er deswegen durchgegangen hat, hat er nichts gefunden, was Aufmerksamkeit verdient. Hingegen ist er voll der herrlichsten pathognomischen Beobachtungen, auf die glücklichste Weise ausgedruckt. Unter diesen finden sich sogar manche, die noch nicht so kurrent sind, als sie zu sein verdienten, z.E. seine immer lächelnde, musikscheuen Bösewichter und seine Lügner von polierter Lebensart, wenn man solche Bemerkungen hieher rechnen darf. Seine Schimpfwörter, die nur die Oberfläche treffen, und deren ganzer Zweck ist, Mangel an Schönheit aufzurücken, gehören nicht hieher. Seinem durchschauenden Auge wäre die dicklippige Dummheit, der horizontal- und dünnlippige Verstand mit seinen eckigen Augenknochen sicherlich nicht entgangen. Aber in dem großen steinernen O, worin er lebte und schrieb, konnte er sich sehr bald von dem Satz überzeugen: Es gibt keine Physiognomik von einem Volk zum andern, von einem Stamm zum andern und von einem Jahrhundert zum andern.

Shakespears Pathognomik verdiente eine eigne Behandlung, von einem Mann, der einen stehenden Fonds von Philosophie hätte, damit er nicht nach verübter Tat, unvermerkt das Gesetz gäbe, nach welchem er sich richtet, oder es mit der Vernunft so hielte, daß er es nicht mit der Unvernunft verdürbe. Er müßte mit einem Herzen voll Menschenliebe arbeiten, aber ja ums Himmels willen! voll Menschenliebe die ein heller Kopf leitet. Tätige Menschenliebe ohne Verstand verfehlt so gut ihren Zweck als Menschenhaß ohne Macht: so wie dieser oft mehr Gutes stiftet als Böses, so stiftet jene nur allzu oft mehr Böses als Gutes. Nur mit dem traurigen Unterschied, daß ich den, der in der Absicht mir zu schaden mein Glück befördert, am Ende mit Lächeln bestrafen, hingegen den, der mich aus Menschenliebe unglücklich macht, auch nicht einmal mit gutem Gewissen verklagen kann. Ferner müßte der Mann tiefe Kenntnis der englischen Sprache, hauptsächlich der Nation, des Menschen und seiner selbst besitzen. Ohne einen hohen Grad von allen vieren läßt sich zwar Shakespeare noch immer mit Vergnügen lesen, aber man wird grade das verlieren, was ihn zu einem so ungewöhnlichen Mann macht. Dieses erklärt die Verschiedenheit der Urteile über diesen Schriftsteller, wovon wir in diesen Tagen wieder merkwürdige Beispiele gehabt haben. Mich wundert es nicht. Die Menschen sind geneigt zu glauben, daß sie jedes Buch, worin nichts von krummen Linien und algebraischen Formeln vorkommt, lesen könnten, so bald sie die Sprache verstünden, worin sie geschrieben sind. Es ist aber grundfalsch. Es könnte jemand so wenig von den obigen Erfordernissen zur Lesung des Shakespeare mitbringen, und so wenig Begierde haben in sich selbst zu erwachen, daß er am Ende wohl nichts verstünde, als seine Zoten, seine Flüche und einige seiner ausschweifendsten Metaphern. So wird es aber bis an jenen Tag allen großen Geistern ergehen, die mit tiefer Einsicht über den Menschen schreiben. Solche Werke sind Spiegel; wenn ein Affe hinein guckt, kann kein Apostel heraus sehen. Ich lenke nun von dieser kleinen Ausschweifung wieder ein. Ich sagte oben Shakespeare sei sehr arm an eigentlich physiognomischen Bemerkungen, wenigstens in den Stücken, die ich in der Absicht sie zu suchen, durchgelesen habe. Unparteiische Leser werden sehen, daß dieses nicht sagen will er enthalte ganz und gar keine. Shakespeare schildert Menschen, und die Menschen haben wohl seit jeher physiognomisiert und geirrt, auch irren sich Shakespears Physiognomen. Ich verstund vielmehr darunter solche Bemerkungen, die unter andere Erklärungen gleichbedeutend hingeworfen, zugleich die Sache bezeichneten, und den Ernst sehen ließen, womit er es meint. Z.E. wenn er Leuten, deren Geist und Herz er aus der Geschichte kannte, ohne ihre Figur zu kennen, eine Bildung beigelegt hätte, die ihm nach seiner Empfindung sprechend gedünkt hätte. Sein broadfronted Caesar wäre eine solche Bemerkung, aber zum Unglück lesen andere Ausgaben baldfronted. Die foolish hanging Netherlip, die in einem dieser Stücke vorkommt, beweist noch weniger. Der

Physiognome, der sich den Shakespeare durch Wörterbücher aufklärt, muß ja nicht, durch Systemsgeist verleitet, glauben, daß er hier eine Entdeckung gemacht habe. Der Engländer nennt alles foolish was er nicht leiden kann. Auch muß man bei einem Schriftsteller, der den Menschen mit solcher Anschauung schildert, genau erwägen, wem er die Bemerkung in den Mund legt. Sage mir, was hat Octavia für ein Gesicht, fragt beim Shakespeare die eifersüchtige Cleopatra den Courier, ists länglich oder rund? Bis zum Fehler rund, ist die Antwort. Das sind gemeiniglich Närrinnen, die so aussehen, sagt Cleopatra. Wer sieht hier nicht, daß dieses ein tiefer Blick ins Herz der Cleopatra ist, der uns über die innere Beschaffenheit des Kopfs der Octavia völlig beim alten läßt?

Nun weiter. Die pathognomischen Zeichen, oft wiederholt, verschwinden nicht allemal völlig wieder, und lassen physiognomische Eindrücke zurück. Daher entsteht zuweilen das Torheits-Fältgen, durch alles bewundern und nichts verstehen; das scheinheilige Betrüger- Fältgen, die Grübchen in den Wangen, das Eigensinns-Fältgen, und der Himmel weiß was für Fältgen mehr. Pathognomische Verzerrung, die die Ausübung des Lasters begleitet, wird noch überdas oft durch Krankheiten, die jenem folgen, deutlicher und scheußlicher, und so kann pathognomischer Ausdruck von Freundlichkeit, Zärtlichkeit, Aufrichtigkeit, Andacht, und überhaupt moralische Schönheit in physische für den Kenner und Verehrer der moralischen übergehen. Dieses ist der Grund der Gellertschen Physiognomik, (wenn sich dieses Wort noch von einer Sammlung von Bemerkungen, die einen Grund zu wahrscheinlichen Schlüssen vom Charakter auf die Gesichtsbildung, aber nicht umgekehrt, enthalten, gebrauchen läßt) der einzigen wahren, wenn es eine wahre gibt, die für die Tugend allemal von unendlichem Nutzen ist, und die sich in wenig Worte fassen läßt; *Tugend macht schöner, Laster häßlicher*. Allein diese Züge beurteile man mit der größten Behutsamkeit, sie lügen zum Erstaunen oft, und zwar hauptsächlich aus folgenden Ursachen. Es ist schon oben erinnert worden, daß der eine gleich gezeichnet wird für etwas, was dem andern tausendmal unbezeichnet hingeht. Dem einen fällt nach einer durchgeschwärmten Nacht, die Wange in die Zahnlücke, da den andern die aufgehende Sonne so jugendlich hinter der Bouteille und beim Mädgen sieht, als ihn die untergehende gesehen hat. Die Bedeutung jedes Zugs ist also in einer zusammengesetzten Verhältnis aus der Brüchigkeit der Fibern und der Zahl der Wiederholungen. Ferner, (und dieses kann sich der voreilige Physiognome nicht genug merken) ist denn der, der bei ruhendem Gesicht aussieht, wie mein Freund oder ich, wenn ich spotte, deswegen ein Spötter, oder der bei hellem Wachen aussieht, wie ich, wenn ich schläfrig bin, deswegen ein Schläfriger? Keine Urteile sind gemeiner als diese, und keine können falscher sein. Denn einmal können jene Züge auch durch andere Ursachen dahin gekommen sein, als durch Spottübung und Schläfrigkeit oder Schuld, und auch noch selbst durch Schuld, aber nicht durch Spottübung und Schläfrigkeit. Und darin ist freilich der Mensch von allen bekannten erschaffenen Wesen unterschieden. Ich meine: Nachäffung, und Bestreben, seine Oberfläche der Oberfläche berühmter, bewunderter und beliebter Menschen ähnlich zu machen, ihre Fehler und lächerliche, ja böse Angewohnheiten nachzuahmen, bringt erstaunliche Revolutionen auf dem Gesicht hervor, die sich gar nicht bis in das Herz oder den Kopf erstrecken. So werden Kopfhängen, hochweises Stirnerunzeln, Lispeln, Stammeln, Gang, Stimme, die horchende Kopfhaltung, das kurzsichtige gelehrte Blinzen, vornehmes Trübsehen, empfindsame Melancholie, leichtfertige Lebhaftigkeit, das bedeutende Augenwinken und die satyrische Miene, andern nachgetan, so gut als das Gähnen; von einigen vorsätzlich und vorm Spiegel studiert, von andern ohne daß sie es wissen. Es gibt Leute, denen die Satyre selbst aus den Augen zu winken und zu spötteln scheint, und die dabei so unschuldig sind wie die Lämmer und eben so stumpf. Der Verfasser hat einen jungen vortrefflichen Menschen gekannt, der sich in Gesellschaft eines berühmten Mannes ein dezisives Aufwerfen des Kopfs und verachtendes Herabziehen der Mundwinkel, bei allem was er sagte, angewöhnt hatte, das ihm gar nicht von Herzen ging, und sich auch wieder abgewöhnte. Er würde sich gewiß damit an seinem Glück geschadet haben. Es gehört viel Weltkenntnis und Tugend dazu, die Rede von einem solchen Gesicht begleitet, zu entschuldigen, und nicht das Gesicht in die Rede überzutragen. Doch bleiben pathognomische Ausdrücke in einem Gesicht allemal eine Sprache für die Augen; mit schlechten Worten unharmonisch verbunden, läßt sich so gut etwas Vernünftiges sagen, als mit den ausgesuchtesten und aller Macht des Numerus etwas sehr Unvernünftiges. Das erstere im Gleichnis haben einige unserer altern Schriftsteller durch ihr

Beispiel gezeigt und von den letztern haben unsere Tage größere Proben aufzuweisen, als Rom und Griechenland zusammen genommen.

Fast lächerlich ist der Beweis für die Zuverlässigkeit der Physiognomik, den man aus der täglichen ja stündlichen Ausübung derselben herleiten will. So bald wir einen Menschen erblicken, so ist es allerdings dem Gesetz unsers Denkens und Empfindens gemäß, daß uns die nächstähnliche Figur, die wir gekannt haben, sogleich in den Sinn kommt, und gemeiniglich auch unser Urteil sogleich bestimmt. Wir urteilen stündlich aus dem Gesicht, und irren stündlich. So weissagt der Mensch von Zeitläuften, Erbprinzen, und Witterung; der Bauer hat seine Tage, die die Witterung des ganzen Jahrs bestimmen, gemeiniglich Festtage, weil er da müßig genug ist zu physiognomisieren. Jeder Mensch ist des Tages einmal ein Prophet. Ja die angehenden Physiognomen schließen sogar aus den Namen, und die Balthasare scheinen ihnen den Friedrichen nachzustehen. Ich glaube, es sind wenig Menschen, die nicht irgend einmal etwas diesem Ähnliches getan und gedacht haben, so lächerlich es auch klingen mag. Die angenommenen Namen satyrischer Schriftsteller werden nach solchen Regeln zusammen gesetzt. Wollten wir die Leute, von denen wir nach dem ersten Anblick urteilen, alle durch jahrlangen, genauen Umgang prüfen, ich glaube, es würde der Physiognomik ärger ergehen, als der Astrologie. Einbildungskraft und Witz kommen hierbei gefährlich zu statten, daher sind die tiefsten Denker gemeiniglich die schlechtesten Physiognomen. Sie sind mit einer flüchtigen Ähnlichkeit nicht so leicht befriedigt, da der flüchtige Physiognome in jedem Dintenfleck ein Gesicht und in jedem Gesicht eine Bedeutung findet. Alles dieses ist aus Ideen-Assoziation begreiflich. Vergnügen gewähren diese Hypothesen allemal. Wer des Nachts auf einer Postkutsche gereiset ist, und im Dunkeln Bekanntschaft mit Leuten gemacht hat, die er nie gesehen hat, wird die Nacht über sich ein Bild von ihnen formiert haben und sich am Morgen so betrogen finden, als sich der Physiognome an jenem großen, feierlichen Morgen betrogen finden wird, an dem sich unsere Seelen zum erstenmal von Angesicht schauen werden. Der Verfasser hat lange, ehe Physiognomik Mode geworden ist, auf eine Art in Physiognomik ausgeschweift, die er nun, da ihn Erfahrung zurückgebracht hat, dem Leser nicht vorenthalten kann: Er hat einen Nachtwächter, der ihn einige Jahre durch aus dem Schlaf hornte und brüllte, um ihm zu sagen wie viel Uhr es sei, nach der Stimme zu zeichnen versucht. Man höre den Erfolg. Seine Stimme erweckte in ihm das Bild eines langen, hagern übrigens aber gesunden Mannes, mit länglichem Gesicht, in die Länge herunter gezogener Nase, strackem ungebundenem Haar, und langsamem, säendem, gravitätischem Tritt. Er ward nach dieser Vorstellung begierig, den Mann am Tage zu sehen, wozu er bald Gelegenheit bekam. Die Abweichung der Zeichnung vom Original war unerhört groß, schlechterdings nichts war getroffen. Der Mann war der Statur nach unter den Mittelmäßigen, munter und geschwind, selbst sein Haar hatte er in ein wegstehendes Zöpfchen zusammen gedrehet, worin mehr Bindfaden als Haar war. Es ist hierbei eine angenehme Beschäftigung, die dem Psychologen wichtig werden kann, jene Ideen wieder zu dissoziieren. Der Verfasser hat seinem Nachtwächter oft nachgespürt, und endlich gefunden, daß er die lange Figur der durchdringenden Baßstimme zu danken hatte, die er in seiner Kindheit einigemal beisammen gesehen: hingegen war das Bedächtige, Hagere, Schleichende, nach genauer Untersuchung, von weit edlerer Abkunft, denn es verlor sich in dichterische Ideen von der Göttin der Nacht, und einiger Gespenster männlichen Geschlechts, mit denen der Verfasser in seiner Jugend bekannt geworden war. Auf der Schule in D. befand sich mit mir zugleich ein Mensch von sehr lebhaftem Witz und nicht gemeinen Talenten, aus dem etwas hätte werden können, wenn er dieses wilde Feuer durch ernste Wissenschaft zu zweckmäßiger Erwärmung zusammen zu halten früh genug wäre gezwungen worden. Dieser rühmte sich im Ernst, daß er den Leuten ansehen könnte, wenn sie Caspar hießen. Er irrte sich nicht wenig wie man mir gerne glauben wird, allein er blieb, kleine Abänderungen nicht gerechnet, (recht physiognomisch) im ganzen bei seiner Meinung, und Caspar war ein Name, womit er einen sehr zusammengesetzten Charakter bezeichnete. Da ich einige von den Leuten, die er mit diesem Namen belegte gekannt habe, so würde ich sie dem Leser gerne nach Vermögen hinzeichnen, wenn ich nicht fürchtete mich verdrüßlichen Deutungen auszusetzen. Ein anderer, weit älter und auf einer höheren Schule fand es seltsam, und hätte bei dickerem Blut in seinem Glauben dadurch irre gemacht werden können, daß von drei großen christlichen Gelehrten, die er fast zur Anbetung verehrte, der eine Abraham, der andere

Isaac und der dritte Jacob hieß. Dabei war er doch ein großer Bewunderer von Gellert, als er mir daher einmal seine Bemerkung klagte, so antwortete ich ihm, Gellert hätte Fürchtegott geheißen, und daran sollte er sich halten. Allein es gibt noch weit schmeichelhaftere und subtilere Feinde der Physiognomik, die man erst nach Bearbeitung eines noch sehr verwilderten Feldes der Philosophie ganz kennen lernen wird. Ein Wort kann in uns zu einem Gesicht werden, und ein Gesicht zu einem Wort, durch Assoziation. Wir sehen die Helden der Romanen, die wir lesen, alle wie vor uns, auch die Plane der Städte. Lange vorher, ehe ich das Porträt des Generals der amerikanischen Rebellen, Lee, gesehen hatte, habe ich mir ein Bild von ihm gemacht, das aus Deserteur und doppeltem *e* so wunderbar zusammen gesetzt ist, daß ich nie ohne Vergnügen daran denke. Wer über den Ursprung der Wörter nachgedacht hat, wird diese Bemerkung nicht unwichtig finden, und sie leicht an andere anzuketten wissen, die schon mehr ins Reine gebracht sind. Diese subtilen Feinde der Wahrheit, deren eine unzählige Menge in uns liegt, entfliehen bei hell-tagender Vernunft, einzeln, bei den meisten, aller Beobachtung. Kaum hat sich aber auch jener Tag in den Zwischenräumen eines unruhigen Schlafs, in einer Fieberhitze oder schwärmerischen Aussicht auf Restaurator-Ehre zur Dämmerung geneigt, so steigen sie oft zu einem hohen Grad von Klarheit vergrößert hervor, ich habe davon einige mit großem Vergnügen gehascht und zu künftigem psychologischen Gebrauch in meinem Cabinet aufbewahrt. Jene Frau, die glaubte der Pabst müßte ein Drache, oder ein Berg oder eine Kanone sein, verdient mehr Aufmerksamkeit als Spott. Es geht uns allen so, wenn wir *träumen* und wer will die Grenze zwischen Wachen und Träumen angeben; so wie nicht jeder träumt, der schläft, so schläft auch nicht jeder der träumt.

Jedermann macht sich nach seiner Lage in der Welt, und seiner Ideen im Kopf, nach seinem Interesse, Laune und Witz, weil er das ganze Gesicht nicht fassen kann, einen Auszug daraus, der nach seinem System das Merkwürdigste enthält und den richtet er, daher sieht jeder in vier Punkte etwa so geordnet ⠒ ein Gesicht, und nicht alle einerlei; eben daher auch das Disputieren über die Ähnlichkeit der Porträte und Ähnlichkeit zweier Leute. Zwei schließen aus dem Anblick eines Brustbildes, auf die Länge des Mannes, der eine, er sei groß der andere er sei klein, und keiner kann sagen warum. Beim Pferd und Ochsen gings an, wenn der Maßstab dabei wäre, aber beim Menschen auch wieder nicht, und doch will man aus Stirne, Nasen und Mund Schlüsse ziehen, deren Verwegenheit gegen jene gerechnet unendlich ist. Allein Felix Heß und Lambert hatten einerlei Nasen, das ist doch sonderbar. Allerdings sonderbar, daß zwei Leute einerlei Nasen haben, die Himmel weit von einander unterschieden sind, und wovon keiner der andere hätte werden können, auch wenn er gewollt hätte. Aber beide waren tiefsinnige Männer. Fürwahr mir gehen die Augen über, wenn ich das Meisterstück der Schöpfung, das bereits einzusehen gelernt hat, daß es von den Absichten, warum es da ist nur die wenigsten kennt, so behandelt sehe. Es regnet allemal wenn wir Jahrmarkt haben, sagt der Krämer, und auch allemal wenn ich Wäsche trocknen will, sagt die Hausfrau. Gesetzt auch gleiche Nasen würden von gleichen Ursachen geformt, so ist erst noch auszumachen, ob sich Lambert und Felix Heß nicht noch in andern Stücken geglichen haben, die der eigentlichen Nasenwurzel näher, als den Instrumenten des Tiefsinns lagen. Und können nicht sehr verschiedene Ursachen denselben scheinbaren Effekt vorbringen? Ist dieses nicht; können dieselben Nasen und Stirnen nicht durch verschiedene Ursachen entstehen; und kann nicht, nachdem Nase und Stirne einmal stehen, inneres Fortwachsen biegsamer Teile noch immer Formen schaffen, die den Physiognomen auf ewig zum besten haben werden: so möchte ich wohl wissen, wer das bewiesen hat, oder beweisen will. So gut einer bei schön geformtem *äußern* Ohr nicht bloß taub werden, sondern sogar taub geboren sein kann, so gut kann einer bei der schönsten Nase schlecht riechen und ein Narr sein, und noch leichter etwas, das nicht so ausgezeichnet als der Narr ist; eines der unzähligen Geschöpfe über und unter den mittelmäßigen. Dem Himmel sei auch Dank, daß es so gewiß tiefsinnige Köpfe ohne Lambertische Nasen gibt, als, so lange die Welt steht, die Lambertischen Nasen gemeiner sein werden als die Lamberte.

Die festen und unbeweglichen Teile, zumal die Form der Knochen, trügen, einmal weil sie bei jeder Art von Verbesserung des verbesserlichen Geschöpfs, die noch lange nachher Platz hat, nachdem diese ihre völlige Festigkeit erreicht haben, noch statt findet; und zweitens weil, da ihre Form so wenig von unserm Willen abhängt, auch der Einfluß äußerer Ursachen, unvermeidlicher ist und ein einziger Druck oder Stoß allmählig Veränderungen würken kann, deren Fortgang keine Kunst mehr aufzuhalten im Stand ist. Auch, wenn sich etwas daraus herleiten ließe, so wären die festen Teile doch immer nur eine *beständige* Größe, ein einziges, in unzähligen Fällen unbeträchtliches Glied der unendlichen Reihe durch die der Charakter des Menschen gegeben ist. Herr Lavater hält die Nase für das bedeutendste Glied, weil keine Verstellung auf sie würkt. Sehr gut, wenn Übergang von Wahrheit zu Verstellung und von Verstellung zu Wahrheit die einzige Veränderung im Menschen wäre. Allein bei einem Wesen das nicht allein durch moralische sondern *physische* Ursachen *würklich* verändert werden kann, ohne daß die Nase deswegen folgt, sollte ich denken, wäre ein so unveränderliches Glied, nicht allein für die Wahrheit unbedeutend, sondern wider dieselbe verführerisch. Je feiner und folgsamer der Ton desto richtiger und wahrer der Abdruck. Die beweglichen Teile des Gesichts die nicht allein die pathognomischen, unwillkürlichen Bewegungen, sondern auch die willkürlichen der Verstellung angeben und aufzählen, sind daher meines Erachtens weit vorzuziehen. Selbst Zurückgang im Charakter kann hier analogischen Zurückgang im Weiser verursachen. Der Weiser kann trügen. Freilich leider! Aber was die Form der festen Teile Bedeutendes hat, ward ihnen durch ähnliche Ursachen unter ähnlichen Bedingungen eingedruckt. Ich gestehe gerne, auch das ruhende Gesicht mit allen seinen pathognomischen Eindrücken, bestimmt den Menschen noch lange nicht. Es ist hauptsächlich die Reihe von Veränderungen in demselben, die kein Porträt und vielweniger der abstrakte Schattenriß darstellen kann, die den Charakter ausdrückt, ob man gleich oft glaubt, was uns die letzteren gelehrt haben, habe man von den erstem gelernt. Die pathognomischen Abänderungen in einem Gesicht sind eine Sprache für das Auge, in welcher man, wie der größte Physiologe sagt, nicht lügen kann. Und zehn Wörter aus der Sprache eines Volks sind mir mehr wert als 100 ihrer Sprachorganen in Weingeist. So wie wir hier besser hören, als wir sehen, so sehen wir dort mehr als wir zeichnen. Die beweglichen Teile und die verschiedenen Folgen in den Bewegungen, sind nicht Korollaria aus einem durch die festen gegebnen Satz. Es sind notwendige Bedingungen, ohne die die Auflösung immer unbestimmt bleibt.

Ja die letzteren sind sogar wichtiger als jene, je näher sie würklichen Handlungen liegen. Drei Köpfe, die sich, wie aus einer einzigen Form gegossen, glichen, könnten, wenn sie zu lächeln oder zu sprechen anfingen, alle Ähnlichkeit verlieren. Wer kann dieses leugnen, als der, der es nicht versteht.

Diesem Räsonnement muß man nicht die angeblichen Erfahrungen der Physiognomen entgegensetzen wollen. Sie irren sich, wenn sie aus Schatten-Rissen oder Porträten von Personen urteilen, die sie gar nicht kennen, so entsetzlich, daß wenn man die Treffer mit den Fehlern verglichen sähe, das Glückspiel gleich in die Augen fallen würde. Sie machen es aber wie die Lottospieler, publizieren Blättgen voll glücklicher Nummern, und behalten die Quartanten, die man mit unglücklichen anfüllen könnte, für sich. Auch die getroffenen sind es oft nur in Orakelwörtern, mit Spiel-Raum für den Sinn; und oft sieht der Physiognome Forschungs-Geist in den Augenknochen, oder poetisches Genie in den Lippen des Mannes, weil er sie in dessen Schriften aus Mangel an Kenntnissen und Geschmack oder durch Journale verführt, zu finden glaubt. Dem Denker, der jene Schriften leer findet, wird dadurch die ganze Kunst verdächtig.

Wache, *nüchterne* Vernunft sieht wohl woher dieses Irren entspringt, und gibt sich nicht mit Untersuchungen ab, die nicht für sie sind; wagt sie sich je ohne Plan in solche Felder, welches freilich zuweilen sehr großen Leuten begegnen kann, so geschieht es gemeiniglich nur in den Stunden, wo sie in der Gesellschaft des muntern Witzes und der verführerischen Einbildungskraft, einen kleinen Hieb hat. Man untersuche daher einmal die Physiognomen und man wird finden, es sind gemeiniglich Personen, deren lebhafte Einbildungskraft ihnen beim Anblick der meisten Gesichter, die verwandten Züge anderer und mit ihnen ganze Lebensläufe und Privat- Geschichten vorstellt, und die dieses bei jeder Gelegenheit der Gesellschaft darlegen. Gemeiniglich mit vielem Witz, weil so sehen und so sprechen einerlei Ursprungs sind. Auch richtet die Gesellschaft solche Bemerkungen nicht als bare Philosophie, sondern als Witz, dessen Reiz, wohl gar durch den Strich von verwegner Leichtfertigkeit noch gewinnt, der die erstere geschändet hätte. Oft sind sie unschuldiger, und sehen den Leuten nur das an, was sie schon von ihnen wissen. Die Prüfung der Bemerkung ist in den meisten Fällen so flüchtig, als die Bemerkung selbst. Man esse einmal den Scheffel Salz, welchen schon Aristoteles verlangt, mit dem Mann, über dessen Herz und Kopf man so flüchtig urteilte, und man wird finden, was alsdann werden wird. Aber irren ist menschlich; nicht immer, es ist zuweilen ......, weit weniger.

Das hohe Alter der Physiognomik zeigt von ihrem verführerischen Reiz und ihr schlechter Fortgang, (Zurückgang könnte man sagen) bei immer zunehmenden Hülfsmitteln, von ihrer Nichtigkeit.

Was aber unserm Urteil aus Gesichtern noch so oft einige Richtigkeit gibt, sind die, weder physiognomischen und pathognomischen, untrüglichen Spuren ehmaliger Handlungen, ohne die kein Mensch auf der Straße oder in Gesellschaft erscheinen kann. Die Liederlichkeit, der Geiz, die Bettelei etc. haben ihre eigne Livree, woran sie so kenntlich sind, als der Soldat an seiner Uniform, oder der Kaminfeger an der seinigen. Eine einzige Partikel verrät eine schlechte Erziehung, und die Form unseres Hutes und Art ihn zu setzen, unsern ganzen Umgang und Grad von Geckerei. Selbst die Rasenden würden öfters unkenntlich sein, wenn sie nicht handelten. Es wird mehr aus Kleidung, Anstand, Kompliment beim ersten Besuch, und Aufführung in der ersten viertel Stunde, in ein Gesicht hinein erklärt, als die ganze übrige Zeit aus demselben wieder heraus. Reine Wäsche und ein simpler Anzug bedecken auch Züge des Gesichts.

Doch wir müssen abbrechen, und wollen statt neuer Erläuterungen, die sich ins unendliche vervielfältigen ließen, lieber die Hauptsätze kurz zusammennehmen, damit man ein so weitläuftiges Werk nicht wieder falsch verstehe und dem Leser überlassen, sich nach seiner Lage in der Welt, entweder den bequemsten Beweis oder die bequemste Widerlegung dazu selbst aufzusuchen. Ausgemacht scheint uns folgendes:

1) Obgleich objektive Lesbarkeit von allem in allem überall statt finden mag, so ist sie es deswegen nicht für uns, die wir so wenig vom Ganzen übersehen, daß wir selbst die Absicht unsers Körpers nur zum Teil kennen. Daher so viel scheinbare Widersprüche für uns überall.

2) Von der äußeren Form des Kopfs, in welchem ein freies Wesen wohnt, muß man nicht reden wollen wie von einem Kürbis, so wenig als Begebenheiten, die von ihm abhängen, berechnen, wie Son-

nenfinsternissen. Man sagt mit eben dem Grad von Bestimmtheit, der Charakter des Menschen liege in seinem Gesicht, indem man sich auf die Lesbarkeit von allem in allem beruft, als man, sich auf den Satz des zureichenden Grundes stützend, behauptet er handle maschinenmäßig.

3) Die Form der festen Teile sowohl als der beweglichen, hängt auch von äußern Ursachen ab, die gemeiniglich geschwinder und kräftiger würken, als die innern; und doch gibt der Mensch jedem sichtbaren Eindruck, selbst der Verzerrung durch die Pocken, Zahnlücken etc. physiognomischen Sinn. Das menschliche Gesicht ist nämlich eine Tafel, wo jedem Strich transzendente Bedeutung beigelegt wird; wo geringer Krampf aussehen kann wie Spötterei, und eine Schmarre wie Falschheit. Eben so hindert Widerstand von außen, Zähigkeit der Teile, allen pathognomischen Eindruck.

4) Jeder Bewegung der Seele korrespondiert in verschiedenen Graden von Sichtbarkeit, Bewegung der Gesichts-Muskeln, daher sind wir geneigt, auch ruhenden Gesichtern, die jenen bewegten ähnlich sind, die Bedeutung der letztern beizulegen, und dehnen daher die Regel zu weit aus.

5) Selbst den dauernden Spuren ehmaligen pathognomischen Ausdrucks auf dem Gesicht, von dem noch das wenige sichere abhängt, das die Physiognomik hat, ist nur in den äußersten Fällen zu trauen, wo sie so stark sind, daß man die Leute gezeichnet nennen möchte, und auch alsdann nur, wenn sie in Gesellschaft mit andern Kennzeichen stehen, die schon eben das weisen; da bestärken sie freilich. Umgekehrt kann man gar nicht schließen: wo diese Züge nicht sind, ist keine Bosheit. Bei den Gesichtern der gefährlichsten Menschen konnte man sich oft nichts denken, alles steckte hinter einem Flor von Melancholie, durch den sich nichts deuten ließ: Die Muskeln hängen solchen Leuten oft wie eine Gallert am Kopf, in welcher man so vergeblich Bedeutung sucht, als organischen Bau in einem Glas Wasser. Wer das noch nicht bemerkt hat, kennt den Menschen nicht. Die Bösewichter werden immer unkenntlicher, jemehr sie Erziehung gehabt haben, jemehr Ehrgeiz sie besitzen und je wichtiger die Gesellschaft war, mit der sie umgingen. Stärkere pathognomische Züge sind nicht ein Zeichen von stärkerem Laster, sondern größerer Brüchigkeit der Muskeln, größerer Ungezogenheit

und roherer Sitten. Da ferner diese Verzerrungen oft nur scheinbar pathognomisch sind, und durch andere Ursachen entstanden sein können, so sieht man wie vorsichtig man in Schlüssen aus pathognomischen Zügen auf moralische Häßlichkeit sein müsse; moralische Schönheit im Gesicht zu lesen ist nicht so schwer. Auch sind Zaghaftigkeit und Leichtsinn, bei herrschender Neigung zur Wollust und Müßiggang, gar dem Unheil nicht gemäß gezeichnet, das sie in der Welt anrichten: hingegen sieht Entschlossenheit seine Rechte gegen jeden, er sei wer er wolle, zu verteidigen, und Gefühl des entschiedenen Wertes seiner selbst, auch der paucorum hominum homo, zumal bei nicht lächelndem Mund, oft trotzig, und daher manchen sehr gefährlich aus.

6) Daß der Maler und der Dichter ihre Tugendhaften schön, und ihre Lasterhaften häßlich vorstellen, kommt nicht von einer durch Intuition erkannten notwendigen Verbindung dieser Eigenschaften her, sondern weil sie alsdann Liebe und Haß mit doppelter Kraft erwecken, wovon die eine den Menschen am Geist, die andere am Fleisch anfaßt. Malten oder schrieben sie für ein einziges Volk, oder gar für einen einzigen Menschen, so würde die Volks-Schönheit, oder das Gesicht, der Geliebten, des Herzens-Freundes und des verehrten Vaters, noch sicherer die Tugend empfehlen. So entstunden italienische Christus-Gesichter. Sokrates, wenn wir ihn nicht näher kennten, würde ein ähnliches in der Römischen Schule erhalten haben. Es ist landesübliche Schönheit jener Gegend, ohne Spur widriger, und selbst nur bei schwachen Zeichen angenehmer, die sanfteste Gemütsstille nur wenig aufhebender Affekten. Von der andern Seite hat selbst Schwanz, Schwärze und Klaue dienen müssen, das Laster und die Bosheit für eine gewisse Klasse von Menschen zu zeichnen. Bei andern wählte der Maler feinere Farben und Zeichen, nach Maßgabe seiner Erfahrung. Holbein macht einen schmierigen, häßlichen Betteljuden aus seinem Judas, das er doch wohl schwerlich war. Die schleichenden Betrüger, zumal die, die, wonicht mit einem Kuß verraten, doch küssende Verräter sind (ich habe ihrer mehrere gekannt und fühle es leider noch, daß ich sie gekannt habe); ferner die, die wie eine gewisse Art unbrauchbare Hunde jedermann schwänzeln, jedermann apportieren, und über jedermanns Stock springen, immer unglaublich treu tun und selten da sind, wenn man sie haben will; und endlich die, die alles tun,

was derjenige will, der ihnen den Geldbeutel oder die Ketten der Finsternis oder die Peitsche über dem Kopf schüttelt, sehen freundlicher aus. Ich hätte den Judas schöner und gewiß mit einem frömmelnden Lächeln, auch die Haare um den Kopf geleckter gemalt. Vielleicht wäre ich von den wenigsten verstanden worden, aber die, die es gefunden hätten, hätten es mir desto herzlicher gedankt.

7) Tugend macht schöner, aber die größte Schönheit, die sie unter einem gewissen Himmelsstriche hervorbringt, ist so sehr von jener Winkelmannischen unterschieden, daß vielmehr bis ans Ende der Welt jeder ehrliche deutsche Bauer darin von jedem neapolitanischen Dieb übertroffen werden wird, und ihr Reiz bestehet so wenig in dem, was die Wollust so nennt, als das Glück, das die Tugend gewährt, in einer eisernen Gesundheit und einer Revenüe von 20 000 Talern. Laster macht allezeit häßlicher, jedoch bei übrigens gleichem Grad von Stärke, mit sehr verschiedenem Grad von Sichtbarkeit. Zuweilen ist es nur ein kleiner Zug, der sich erst beim genauen Umgang zeigt.

8) Talent und überhaupt die Gaben des Geistes haben keine Zeichen in den festen Teilen des Kopfs. Dieses zu beweisen, muß man den ausgesuchten Silhouetten von denkenden Köpfen, auch ausgesuchte von nicht denkenden und Narren beifügen, und nicht Gelehrten von sorgfältiger Erziehung, einen Dorf-Narren gegenüberstellen. Bedlam wird von Leuten bewohnt, die, wenn sie nicht wie versteinert vor sich hinstarrten, oder mit den Sternen lächelten, oder auf den Gesang der Engel horchten, oder den Sirius ausblasen wollten, oder mit untergesteckten Armen schaudernd zusammen führen, Respekt einflößen würden. Noch weniger wird sich aus der Form der Knochen allein schließen lassen. Um einen Kopf von jedem Skelett, der nicht monströs wäre, würde ein geschickter Künstler, ohne aus dem Wahrscheinlichen herauszugehen, eine Hülle von Muskeln und Haut aus Wachs schlagen, und ihr Eindrücke geben können, jede beliebige Absicht dadurch zu erreichen.

9) Physiognomik ist also äußerst trüglich. Die wirkenden Leidenschaften haben zwar ihre Zeichen, und lassen oft merkliche Spuren zurück, das ist unleugbar, und daher rührt, das was die Physiognomik Wahres hat. Es ist aber auch dieses bei dem größten Teil des menschlichen Geschlechts so unsicher und schwankend, daß wir,

wenn wir die Köpfe ohne Hut und Perücke, ohne Pflaster, Schminke, Schmarren, Kupfer, Finnen und Bewegung sähen, den Charakter mit eben so vieler Sicherheit herauswürfeln, als aus den Zügen erraten würden. In den Bewegungen der Gesichtsmuskeln und der Augen liegt das meiste, jeder Mensch, der in der Welt lebt, lernt es finden; es lehren, heißt den Sand zählen wollen.

Nützlicher wäre ein anderer Weg den Charakter der Menschen zu erforschen, und der sich vielleicht wissenschaftlich behandeln ließe: Nämlich aus bekannten Handlungen eines Menschen, und die zu verbergen er keine Ursache zu haben glaubt, andere nicht eingestandene zu finden. Eine Wissenschaft, welche Leute von Welt in einem höheren Grad besitzen, als die armen Tröpfe glauben können, die ihr Opfer täglich werden. So schließt man von Ordnung in der Wohnstube auf Ordnung im Kopf, von scharfem Augenmaß auf richtigen Verstand, von Farben und Schnitt der Kleider in gewissen Jahren auf den ganzen Charakter mit größerer Gewißheit, als aus hundert Silhouetten von hundert Seiten von eben demselben Kopf. Wer sagt, ich bin ein hitziger Kopf, wenn ich anfange, ist ein gutes Lamm; und der fromme Schwärmer, der jeden Augenblick ausruft, ich bin ein schwaches Werkzeug, würde sich unversöhnlich beleidigt glauben, wenn man ihm antwortete: das haben wir längst gedacht. Verschwiegenheit hat unzertrennlich verschwisterte Tugenden. Aus der Mätresse schließt man auf den Mann, wenigstens auf viele seiner Verhältnisse gegen uns. Wer gegen sein Gesinde gut ist, ist meistens im Grunde gut: man verstellt sich nicht leicht gegen Leute, die man für ihre Dienste bezahlt und von einem abhängen, die man der Ehre der Verstellung gegen sie nicht würdig achtet, und die man nicht fürchtet. Die guten Romanen- und Schauspieldichter, Le Sage und Shakespeare enthalten solche Züge, wie weggeworfen. Der letztere in Menge, aber ohne alle prahlhafte Hinweisung, daher man sie so oft übersieht. Aber was hilft das alles bei der schlausten und gefährlichsten Klasse von Menschen? Nichts. Jede neue Attaque erzeugt eine neue Befestigungs-Kunst, die dem perfektibelsten und korruptibelsten Geschöpf immer einschlägt.

Allein was auch sophistische Sinnlichkeit eine Zeitlang dagegen einwenden mag, so ist wohl der Satz gewiß, es ist kein dauernder Reiz ohne unverfälschte Tugend möglich, und die auffallendste Häßlichkeit, so lange sie nur nicht ekelhaft ist, vermag sich dadurch

Reize zu geben, die irgend jemand unwiderstehlich sind. Die Beispiele dieser Art unter Personen beiderlei Geschlechts sind freilich selten, allein nicht seltner als die Tugenden die jenen Reiz hervorbringen. Ich meine hier vorzüglich die himmlische Aufrichtigkeit, das bescheidene Nachgeben ohne Wegwerfung seiner selbst, das allgemeine Wohlwollen ohne dankverdienerische Geschäftigkeit, die sorgfältige Schonung der Delikatesse anderer Personen auch in Kleinigkeiten, Bestreben jedem in Gesellschaft unvermerkt Gelegenheit zu geben sich zu zeigen, ferner Ordnungsliebe ohne kleinliches Putzen und Reinlichkeit ohne Geckerei im Anzug. Dem Verfasser sind Beispiele hiervon von Frauenzimmern bekannt, die wenn er sie hersetzen könnte, auch die häßlichsten mit Mut erfüllen würden. Was diese Tugenden würken, wenn sie sich zur Schönheit gesellen, wird jeder Leser leichter finden, wenn er in die Geschichte seines eignen Herzens sehen will, als ich es hier beschreiben könnte. Eben so kann das Laster, wo es biegsamen Stoff findet, in einem hohen Grade verzerren, zumal wenn dazu, bei roher Erziehung und gänzlichem Mangel an Kenntnis sittsamer Falten, oder gar an Willen sie anzunehmen, es nicht ein einziges Mal des Tages, in irgend einer Stunde der bezahlten Pflicht, Zeit findet die Risse auszuflicken. Diese Betrachtungen haben den Verfasser längst begierig gemacht, von einem gebornen Beobachter des Menschen, der dabei ein großer Zeichner wäre, und in einer großen Stadt gelebt hätte, *selben* Knaben und *dasselbe*Mädchen zween verschiedenen Pfaden des Lebens vorgestellt zu sehen; und zwar sollte ihre Geschichte mehr durch Züge des Gesichts als Handlung gezeigt werden. Er glaubte damals schon, und der Beifall einiger Gelehrten, die lange vor ihm über diese Materien gedacht haben, hat ihn nachher in diesem Glauben bestärkt, daß die Ausführung dieses Gedankens des größten Künstlers nicht unwürdig wäre. Alles, was der Künstler je über Schönheit und Häßlichkeit bemerkt, und alle übrige Beobachtungen, die er über den Menschen angestellt hätte, könnte er hier zeigen, und mit wie vielem Vorteil für die Tugend! Was Hogarth hierin geleistet hat, ist bekannt. Er war in den Verschönerungen nicht so glücklich als in den Verschlimmerungen. Die Ursache ist leicht einzusehen. Unter allen lebenden Künstlern, die mir bekannt geworden sind, wäre Herr Chodowiecki in Berlin, der einzige, der diesen Gegenstand auch für den geübtesten Beobachter des Menschen genugtuend auszuführen im Stand wäre. Seine kleinen

Köpfe, vorzüglich einige im Nothanker, werden durch den Geist über dem man fast vergißt, daß es Striche sind, nicht bloß Unterhaltung, sondern Gesellschaft; für mich wenigstens. Er lebt überdas in einer Stadt, wo ein Künstler, wenn er durch den Wink eines Fremden auf ein nicht ganz bekanntes Feld geleitet wird, durch eigene Beobachtungen, leicht alles Nötige bald nachholen kann, zumal wo der große Fond von Beobachtungen und die glückliche Anlage die neuern instinktmäßig zu haschen schon da ist, wie bei diesem Mann. Was er in diesem Feld selbst für einen Taschen-Kalender auf meinen Vorschlag getan hat, ist von allen *die den Gedanken verstanden haben*, mit dem größten Beifall aufgenommen worden. Schade nur, daß durch das häufige, nicht allemal ganz geschickte Abdrucken, die Kupferstiche endlich Veränderungen erlitten haben, die grade Herrn Chodowieckis und meiner Absicht entgegen waren. Die Undeutlichkeit der Züge, durch die die Tugend verliert, ist dem Laster vorteilhaft; wäre also noch länger fortgedruckt worden, so hätten beide Reihen, die aus einem Punkt entsprangen, bald darauf sich stark trennten, sich endlich wieder in einem Punkt vereinigt; und dieses wäre, wenn man den letzten Punkt nicht etwa von der Verwesung verstanden hätte, ein Satz mit Kupferstichen erläutert gewesen, die grade das Gegenteil lehren. Hier sind ähnliche Kupferstiche weggeblieben, dort wurden sie als eine Erläuterung eines einzigen Satzes zur Zierde des Almanachs gebraucht: hier hätten sie nicht erscheinen können, ohne auch andern Sätzen, die es mehr bedurften, ähnliche Erläuterungen beizufügen, wozu jetzt die Zeit viel zu kurz, und überhaupt der Aufsatz noch zu unvollkommen war.

Über die Pronunciation der Schöpse

des alten Griechenlands verglichen mit der
Pronunciation ihrer neuern Brüder
an der Elbe:
oder über
Beh, Beh und Bäh, Bäh,
eine literarische Untersuchung von dem Konzipienten
des Sendschreibens an den Mond

Wäre der schale Spott, der pedantische Eigendünkel und die lächerliche Empfindlichkeit, mit einem Wort, der gänzliche Mangel an Geschmack und an Gefühl von Konvenienz, wodurch sich einige der neusten Aufsätze des Herrn Rektor Voß im d. Museum auszeichnen, die Folge seines tiefen *Studiums* des Homer und des Hexameter-Baues: so sollten die Obrigkeiten das Studium des Homer und den Hexameter-Bau öffentlich verbieten. Wer sich hiervon überzeugen will, der lese das *Rezensenten-Verhör* und die Verteidigung des Schöpsenlauts des η bei den alten Griechen, wenn er es aushalten kann, und hat er noch das mindeste Gefühl für das Schöne und Schickliche, so wird er bekennen müssen: es sei unmöglich über so ganz nichtswürdige Gegenstände ekelhafter zu schreiben als Herr Voß. Es ist unmöglich eine Seite zu lesen ohne wider ihn eingenommen zu werden; es hat sich derselbe auch wirklich durch diese unerträglichen Aufsätze so sehr in der Achtung von Männern von Geist, die sicherlich seine Feinde nicht waren, herabgeschrieben, daß sie jetzt nichts mehr lesen, worüber oder worunter *Voß* steht. Und was Wunder? Alles was sie neuerlich mit diesem Namen bezeichnet fanden, war gemeiniglich ein Gegenstand der kaum, mit attischem Witz und Kenntnis der Sitten und Sprache der feinen Welt behandelt, zu einer erträglichen Lektüre zu erheben gewesen wäre, in einem unpolierten, stolzen, kleinstädtischen Schulton vorgetragen, der selbst den Erhabensten schänden könnte. Doch nun zur Sache, und erstlich zur Erklärung, wie ich zu dieser Äußerung komme.

Die Griechen druckten den Laut ihrer Schöpse durch βη,βη, aus, die Lateiner zuweilen das ε durch æ; das α sowohl als das der Griechen verwandelt sich öfters in denselben Wörtern in η als αχουω ηχουον, ερειδοω ηρειδου, φιλεω φιλησωetc. aus diesen Gründen zusammen genommen schließt Herr Voß, mit andern: die Griechen haben ihr η weder wie a noch wie *e* sondern wie beides zugleich, also *ä,* oder weil die Schöpsen an der Elbe bei ihm ein votum decisivum in der Sache haben müssen, wie *äh* ausgesprochen, da man es bisher entweder wie *ih,* wie noch jetzt in England üblich ist, oder wie *eh* aussprach, welches allmählig in Deutschland allgemein zu werden anfing. Hierüber muß man ihn selbst nachlesen[10] . Dieses alles war ganz gut. Allein Herr Voß geht sehr viel weiter, er will die griechische Namen im Deutschen auch so schreiben; also nicht mehr Athen sondern Athän, nicht mehr *Hebe* sondern Häbä, nicht mehr Thebe sondern Thäbä setzen, und alles das tut er, auf jene Gründe hin, mit einer Zuversicht und einer Ruhe als hätte seine ursprünglich griechische Seele ehmals selbst am Piräus geweidet oder mit vor Troja gestanden. Hier merke der Leser wie Herr Voß von einer sinnreichen Mutmaßung, wovon er die Ehre mit andern teilt, mit eignem, lächerlichem Pedantismus, zu moderner *Rechtschreiberei* übergeht, und auf diese bloß sinnreiche *Mutmaßung* hin, eine fast über ganz Europa angenommne Orthographie ohne den mindesten Gewinn ändert; eine Orthographie, die ein vernünftigerer Mann als er, selbst alsdann noch nicht ändern würde, wenn jene Mutmaßung zur Gewißheit stiege.

Weiter. Nicht sowohl um jene Mutmaßung zu widerlegen, als vielmehr, welches Herr V. gar nicht einmal gemerkt hat, ihm die *Torheit* seiner *Rechtschreiberei* aufeinmal *fühlbar* zu machen, wurde er gefragt: ob er auch Herr *Jäsus* und *Amän* statt Amen schreiben wolle. Meinem Gefühl nach höchst vortrefflich. Wer noch nicht weiß was das Ridiculum acri etc. des Horaz sagen will, der muß, dünkt mich, in dieser Streitigkeit diese Frage beherzigen. Herr V. selbst sagt in der Angst der Einwurf sei nichts wert, und findet doch für gut sich darnach zu richten. Er teilt nämlich diesem *nichtswürdigen* Einwurf zu gefallen seine neue Orthographie in eine esoterische und exoterische. Bei den durch Religion *geheiligten Namen* behält er das durch den *Gebrauch geheiligte e* bei, hingegen für die profanen Helden seines Homer, glaubt er, wäre sein profanes *ä schicklicher.*

---

[10] D. Museum September 1780. von S. 243. bis 252. oder noch besser von S. 238 bis 252.

Ein Beispiel von elender,[11] *Rechthaberei*, dergleichen es wenige gibt. Ich komme unten noch einmal auf diesen Umstand zurück. Also Herr V. will nicht Herr *Jäsus* schreiben. Nun kam ich mit meinem Sendschreiben der Erde an den Mond und sagte: sie (die Erde) wolle auch nicht Herr *Jäsus* schreiben. Viele verstunden die ganze Zeile nicht, und andere hielten sie für ein Kompliment gegen Herrn V. und erklärten sie dahin: *Die Erde selbst wage nicht zu tun, was Ihr Voß nicht tun wollte.* Allein das böse Gewissen ist ein feiner Ausleger, und Herr V., der Geschmack genug besitzt, zu sehen wo der Einwurf hinführt, und mehr bei diesem Namen, so geschrieben, zittert, als er gestehen darf, wirft mir mit der ihm eignen Bescheidenheit, und noch dazu im ersten Wonnemond, den das deutsche Museum erlebt hat, vor: *ich hätte wissen müssen*, das ist, *ich hätte nicht gewußt wovon die Rede gewesen wäre.* Nun kennt der Leser die Veranlassung zur Klage und die Klage selbst, er wird mir also auch eine Verteidigung verstatten. Es wäre hier freilich sehr viel zu sagen, allein ich will es so kurz machen, als nur die Natur der Sache verträgt, damit nicht ein Aufsatz, in welchem der Name *Voß* notwendig oft vorkommen muß, das Schicksal derer hat, worüber oder worunter er steht.

Ich hätte nicht gewußt wovon die Rede gewesen wäre: Die Beschuldigung ist hart, denn ich glaube, wer nur das mindeste Gefühl für wahre Wissenschaft hat, muß in einem Augenblick sehen, daß von einer elenden, nichtswürdigen, erbärmlichen Schulfüchserei die Rede war, einer Sache um die sich heutzutage nur die geschmacklosesten Pedanten im Ernst bekümmern, das ist, Menschen um die sich niemand bekümmert; von unverständigen Possen, gegen welche sich die eigentliche Beschäftigung des vernünftigen Menschen verhält, wie eine Lambertische Betrachtung über das Weltgebäude zu einem neuen Rezept zu Pfeffernüssen (nichtswürdigen Plunder nennt es Heyne) von einer unbesonnenen, kindischen Neuerung, durch die sich Deutschland bei allen Nachbarn lächerlich machen

---

[11] Ich bediene mich dieses Worts, nicht weil Herr V. Rektor einer Schule ist, sondern weil es in dieser Streitigkeit unentbehrlich wird, wenn man die Begriffe, von Eigendünkel, stolzer Selbstgenügsamkeit, wichtig tuendem Anstand bei den nichtswürdigsten Kleinigkeiten, und eine Menge anderer auf einmal ausdrücken will. Ich würde sein Verfahren so nennen, und wenn er Kammerherr oder Minister wäre. schulfüchselnder

würde, wenn diese Nachbarn nicht schon wüßten, wie wenig sich der bessere Teil von Deutschland um diese Neuerer bekümmert; von Torheiten, deren Ahnung eigentlich für das Theater oder in eine Dunciade gehört. Hätte Herr Voß so etwas auch zu Footes Zeiten in England unternommen, ich bin überzeugt, er hätte gleich im ersten Wonnemond, unter dem Beifall von London, an einem Skamander von Zindel sein *bäh* geblökt, und so muß man solche Neuerungen behandeln, von deren Nichtswürdigkeit schon dieses ein hinlänglicher Beweis ist, daß sie jeder Knabe unternehmen könnte und kein gesetzter Mann unternimmt. Warum?

Jedem unparteiischen und vernünftigen Mann wird schon jeder Streit über die Aussprache eines Vokals bei einem noch existierenden Volk lächerlich vorkommen, wenn er von Leuten geführt wird, die weder in dem Lande waren, noch auch einen Menschen gesprochen haben, der in dem Lande war. Es ist nämlich, zumal wenn er von raschen Schulfüchsen geführt wird, kein Ende zu hoffen, gesetzt auch man gäbe ihnen den Schöpsen- und Ziegen-Laut, das Bellen der Hunde, den Guckuck, die Pistolen-Schüsse und den Pritschen- und Peitschen-Klang auf einem ungezognen Rücken. Ja der Streit *kann* gar nicht auf diese Weise entschieden werden, denn träfe je einer die Wahrheit, so kann er nicht wissen, daß er sie getroffen hat. Der Ursachen hiervon sind sehr viele. Ich will nur einige anführen. Die Töne waren eher als die Zeichen, und als man zu schreiben anfing, so bezeichnete man nicht alle; das konnte man nicht, sondern intervalla die jedem Ohr merklich waren wurden nur bezeichnet; eine Menge von Tönen ging leer aus, und mußten sich mit dem Zeichen des nächst verwandten begnügen. Bediente sich nun gar ein Volk der Zeichen eines andern, so entstunden wieder neue Abweichungen, und konnte man eine von beiden Sprachen lesen, so konnte man deswegen nicht gleich die Töne der andern treffen. Auch blieb die Zunge dem Zeichen nicht getreu, denn da es in allen Sprachen eine Menge von Tönen gibt, die nicht in der Vokalen-Leiter vorkommen, auch nicht einmal durch Verbindungen von zwei Vokalen ausgedruckt werden können, wo also der wahre Laut auch nicht geschrieben wird, da mußten notwendig bei einem etwas ausgebreiteten Volk wenn es gleich sein A, B, C auf einerlei Weise aussprach, Abweichungen in der Aussprache der *Wörter* entstehen. Daher der Provinzial-Ton in allen Ländern. Es sind dieses längst bekannte Dinge. So ist es einem Deutschen unmöglich den Laut des englischen *u* in den Wörtern but, much, such mit Buchstaben auszudrucken. Der eine würde *sotsch* schreiben, der andere *setsch* und ein dritter und vierter wohl gar *satsch* und *sutsch* und alle hätten etwas Recht aber keiner ganz, und der vierte gerade am wenigsten. So viel für den ersten Satz, zur Bestättigung des zweiten darf man nur unsere Aussprache der Wörter sehen, *säen*, *währen*, wären, wehren, entbehren betrachten, die ich der Ordnung nach, wenn *e* wie in sehr und *ä* wie in währen klingt, so ausspreche: *sähen se-en* (also grade umgekehrt) *währen*, *wären*, *weren*, *entbähren*. Andere sprechen anders. Das mag sein, desto besser für mich. Es erhellt wenigstens daraus: *einmal*, daß es unbesonnen ist jetzt wieder schreiben zu wollen wie man spricht, weil man in dubio alsdann allemal schreibt wie mancher vernünftige Mann *nicht* spricht; *zweitens*, daß künftig ein ganzer Kongreß von Schulfüchsen nicht wird ausmachen können, wie eigentlich der Deutsche sein *e* und sein *ä* in *Wörtern* gelesen habe, und *drittens*, daß ein besonders Zeichen nicht allemal einen besondern Laut verrät. Eine weitere Auseinandersetzung dieser Gedanken findet hier nicht statt. Ich gebe nur noch einige Beispiele. Mancher Engländer würde den Laut seiner Schöpse durch ba ba ausdrücken, also liest er sein *a* wie *ä*. Gut. Aber durchaus? Es wäre eine Torheit so etwas zu behaupten. Allerdings in den Wörtern share, bare, fare, mad, fat etc. aber was ist denn das *a* in den Wörtern state, made, accumulate und ganz unzähligen andern? In diesen Wörtern würde jeder Schöpsenlaut für den Laut eines Schöpsen gehalten werden, in der guten Gesellschaft wenigstens. Hier würden sich die Pedanten sicherlich zwischen *ä* und *eh* und *eh* und *ä* teilen. Grammatici certant etc. Wiederum, die Hunde bellen itzt in der Jagd, *hau, hau,* also im neuern Englischen how, how, beim Shakespeare bellen sie indessen bowgh, waugh, was wird aber aus den Wörtern blow, sow, show, overthrow, bow (ein Bogen)? Also so geht es in der deutschen und englischen Sprache, das heißt in den Sprachen zweier Völker, die noch so manche brave Ähnlichkeit mit der griechischen haben. Ich überlasse die Schlüsse daraus dem unparteiischen Leser.

Herr Rektor *Voß*, dieser dezisive Übersetzer der Töne eines nicht mehr existierenden Volks, gerät auch würklich selbst schon bei der Tonübersetzung der Engländer, seiner Nachbarn, in die lächerlichsten Fehler. In den ungezogenen Noten, zu dem auf die ungezogenste Weise bekannt gemachten vertraulichen Brief des Herrn Hofrat Heyne, druckt er Portsmouth durch *Portsmaut* aus. Das th sei ihm geschenkt, weil er es bettelt, aber das ou durch *au* ist abscheulich; das ou in mouth (der Mund) hat ihn verführt. Also der eingebildete, herabsehende Mann, der sich erkühnt (Otterndorf 1781) zu sagen: *Ich* (warum nicht von *Gottes Gnaden?) Ich* schreibe nach *griechischer* Aussprache,[12] (Gerechter Himmel was für Pedanterei!), und meine Gründe hat noch niemand widerlegt; ja der über dieser kindischen Überzeugung in einer abgeschmackten Sache, selbst die Verbindungen mit Lehrer und Freund vergißt, will wissen wie die alten Griechen gesprochen haben, ein Volk das um Hunderte von Meilen und um Tausende von Jahren von ihm entfernt ist, er, der die erbärmlichsten Schnitzer in der Aussprache eines Volks begeht, wovon er täglich ganze Dutzende auf der Kaye zu Hamburg sprechen könnte! Ist das nicht abscheulich? Es ist aber noch nicht die Hälfte. Die Römer schreiben Ελενα mit ihren Buchstaben Helena, und Ηβη Hebe, also ε und η beides durch He, da sie doch das ae hatten Haebae zu schreiben. Aber die Lateiner lasen ihr e auch zuweilen wie ae sagt Herr V. Aber wie konnte denn ein Anfänger den Ton in diesen Wörtern treffen, da beide schöne Mädchen waren, und eine so gut wie die andere ein Recht auf ein langes oder kurzes He hatte? das β greek und λ, das folgt, war doch kein entscheidendes Zeichen, für ae und e. Ja, ist es den Zungen der Römer wie den unsrigen gegangen, so hätten sie wohl gar *Hälena* gelesen, so wie wir sprechen: *Kähle, häll,* und sogar hällenistisch. Hierzu kömmt noch, daß die Griechen Elias den Propheten, und Eli, wenn es so viel heißt als mein Gott! durch Ηλιασ und Ηλι ausdrücken, im Hebräischen ist dieses ein **א** mit einem Tsere, das immer, wie ich vom Herrn Ritter Michaelis selbst weiß, wie ein reines e gelesen wird. Das darüber stehende **א** ist ein bloßer Spiritus lenis. Aber sieh doch! wie Pedanterei ansteckend ist! Ich wollte beweisen, daß es lächerlich wäre *jetzt noch* die Aussprache des η *durch alle Wörter durch* bestimmen zu wollen, und ich fange an zu beweisen, daß es wie e geklungen habe. Ich gebe also hiermit alles, was ich für das e bewiesen habe, feierlich auf und begnüge mich bloß damit: *Es ist auf diese Weise nicht auszu-*

---

[12] D. Museum, Wonnemond. 1781. S. 465.

machen wie es *durchaus* geklungen; so wenig als von jedem andern Vokal jeder erstorbenen und lebenden Sprache in der ganzen Welt. Aber gesetzt auch, es wäre ein Übergewicht auf Herrn Vossens Seite, was wäre es für ein elender Gewinn, einen einzigen Laut um einen halben Ton breiter gestimmt zu haben, in einer Sprache, die vermutlich Plutarch schon nicht mehr so sprach wie Homer, und wir nicht mehr wie Plutarch? Was? und in der Hitze dieses lächerlichen Streits alle Verbindungen von Lehrer und Freund, ich möchte fast sagen eben so kindisch als niedrig zu vergessen? Wie? Aber das ist noch nicht die Hälfte der Torheit. Herr Voß vermischt durchaus die beiden Fragen: haben die Griechen das η wie ä gesprochen? und sollen wir es jetzt noch so zu schreiben *anfangen,* wenn sie es so gesprochen haben? Ich glaube das letzte zu tun, selbst wenn das erste ausgemacht wäre, wäre jetzt eine Torheit, mit der sich nichts vergleichen läßt, als die Torheit das erste ausmachen zu wollen. Wir schreiben jetzt im lateinischen Hebe, Herodotus, Demosthenes; und alle Nationen schreiben so, so viel ich weiß; wollte Herr Voß, wenn er ein lateinisches Programm schriebe Haebae, Haerodotus und Daemosthenaes schreiben. Ich wollte es ihm wenigstens nicht raten. Das Schuldirektorium würde ihn zurechtweisen, und das von Rechts wegen. Aber wir, deren Buchstaben nur die verzerrten lateinischen sind, die wir ebenfalls das e bald wie ä bald wie e aussprechen, was haben Wir (1781) für ein Ansehn und für ein Vorrecht, dem vernünftigsten Teil unsers Vaterlandes und allen Nationen ins Gesicht hinein die Worte zu verstellen? und das bloß der müßigen Grille eines rechtschreiberischen Pedanten wegen? O! wenn doch jetzt jemand eine Dunciade schriebe! Ja selbst, wenn Herr Voß seine Odyssee mit lateinischen Buchstaben drucken ließe, würde er sich kaum unterstehen von seiner Neuerung Gebrauch zu machen, oder wenigstens würde ihm der Schritt etwas schwerer geworden sein. Mit einem Wort: Wir haben kein größeres Ansehen hierin und *können* kein größeres haben, als die Römer. Das Häufgen der orthographischen Welterlöser fühlt dieses auch, und macht, um den Schöpsenlaut seines η zu bestätigen, uns nun auch unsere lateinische Aussprache verdächtig, und hat wirklich, wie ich merke, so etwas von einem *Knähjus Pompähjus* im Sinn, und dann fehlte in der Tat nichts mehr, als eine Spott- und Trotz-Übersetzung der *Hangriad* des armseligen *Mongsiö de Woltähr,* und zwar in Hexametern, weil der französische Schöps selbst keine machen konnte, mit *Burbong* und

Walloa und dem *Dück de Gihs*[13] und der betrübten Bluthochzeit zu *Parih*.

Aber Scherz bei Seite. Was wäre denn, gesetzt Herr Voß hätte mathematisch bewiesen, was er eigentlich nur prätensionsmäßig bewiesen hat, daß die Griechen ihr η durchaus wie ihre Hämmel prononciert hätten, und daß man nun auch würklich in Deutschland, einfältig und bardenmäßig genug dächte es so zu schreiben, was wäre denn der Gewinn? Antwort: Bei uns, *nichts*; ja, *weniger als nichts* (Verlust) wie ich unten zeigen werde, und von außen herein, Spott oder Lächeln des Erbarmens. Denn von Anfang würden sicherlich die Augen und Ohren von Tausenden beleidigt. Nun will ich zwar zugeben, das verlöre sich mit der Zeit, hörte ich aber alsdann endlich das *Wahre*? fühlte ich alsdann die Wahrheit des Lauts? Nein! schlechterdings nicht. Er wird gefallen, wenn er gefällt, weil er *üblich* und nicht weil er *wahr* ist, sonst müßte ich jetzt im *e* die Unrichtigkeit auch fühlen. Also dafür, daß unsere Nachkommen sich bei ihrem *äh* eben so stehen, wie wir uns beim *e*; die Nachkommen, die beim e sich eben so gut gestanden haben würden als wir; dafür sollen wir uns den törichten Zwang antun, uns an neue Zeichen zu gewöhnen? und das dem Gebrauch aller Völker zuwider? Was ist Torheit, wenn das keine ist? Aber nun denke man noch hinzu, daß es ganz und gar noch nicht erwiesen ist, daß η wie *äh* geklungen habe – – o ich mag das Wort nicht schreiben, womit man dieses Verfahren bezeichnen müßte. Weiter. Da es nun aber in allen Fällen Bücher in Menge gibt, wo diese Namen so geschrieben sind, wie diese Neuerer sie nicht schreiben, so muß ich beide Arten zu schreiben kennen, und mein Auge mit beiden bekannt machen, welches, wenn man aus *Leib und Seele* besteht, einem so leicht nicht wird, als den *reinen Geistern*, die solche Erfindungen machen, und denen bloß das Gesunde gut schmeckt, und bloß das Wahre angenehm klingt. Einigkeit ist in der Tat alles, was man bei solchen Dingen suchen muß, ja selbst mit einigem Verlust von Seiten der strengen Wahrheit erkaufen müßte, wenn Einigkeit nicht anders zu erhalten wäre. Wenn sich doch diese müßigen Neuerer an das Beispiel der Protestanten halten wollten, die ihren würklich verbesser-

---

[13] Damit der Göttingische Subskribent nicht Chihs läse, so müßte wohl den dahin abgehenden Exemplaren entweder Khihs oder Gkhis einverleibt werden.

ten Kalender, neuerlich erst recht dadurch wieder verbessert haben, daß sie von dem, was man hierin strenge Wahrheit nennen könnte, eben so weise als christlich abgewichen sind, um die himmlische Eintracht zu erhalten. Der große Weise, der zuerst auf diese Verbesserung antrug, verdient auch deswegen allen Dank und Ehre, die ein christlicher Weltteil gewähren kann. Dieses heißt *Weisheit* und *Christentum*, und auf diese Art allein kann endlich ausgemacht werden, welcher von den drei Brüdern im Besitz des echten Ringes ist.[14] Ich sage: dieses ist Weisheit, so wie hingegen in Kleinigkeiten bessern *wollen*, wegen der unvermeidlichen größern Spaltung, die dadurch in dubio bewürkt wird, wahre *Torheit* ist. Alles dieses fühlt weder Herr Voß noch seine Freunde. Mein Gott! wie viel mögen diese guten Leute sonst noch mehr nicht fühlen! Mir ist es unbegreiflich, wie man nicht einsehen kann, daß man durch solche eben so leichte als unnütze Neuerungen schnurstracks das Übel befördert, welches man heilen wollte. Man will viererlei Orthographien zu einer einzigen bringen, und bedenkt nicht, daß man eigentlich nur eine fünfte erfindet. So viel sehe ich indessen sehr deutlich, daß unbändiger Eigendünkel bei den meisten die Ursache von solchen Unternehmungen ist, und in der Tat es gehört sehr viel Eigendünkel, verbunden mit großer Unerfahrenheit in der Welt dazu, zu glauben Deutschland werde sich sogleich jede müßige Grille gefallen lassen, die man in seinem erhabenen Luftschloß aus heckt.

Aber Herr Voß will ja nur die *Homärischen* Helden so zer-Vossen, denn den Ungelehrten, *die kein Griechisch verstehen, ist das einerlei, ob sie sie falsch oderRecht* (Otterndorf 1781!) *aussprechen, und für die*, sagt er, *übersetzt man ja nur.* Wieder eine rechtschreiberische Ausflucht, so wie man sie von einem Ungelehrten, *der wenig mehr als Griechisch versteht*, erwarten konnte. Herr V. sollte nur für die Leute übersetzen, die nichts von den Homerischen Helden und Göttern wissen? Nein! Das glaube ich ihm in Ewigkeit nicht, eben so wenig als ich glaube, daß er für die Buchbinder übersetzt hat. Wenigstens Herr Bode hatte bei seinen Übersetzungen einen edlern Zweck, der übersetze auch für *die* Leute, die das Englische vollkommen verstehen, und der Ruhm dieses vortrefflichen Mannes gründet sich eigentlich

---

[14] : S. Nathan der Weise. Aufz. 3. Sc. 7, I (es sind 2 siebente Szenen in der ersten Ausgabe).

nur auf das Vergnügen, das er Leuten gewährt hat, die die Originale längst gelesen und gefühlt hatten, aber seine Übersetzung mit erneutem Vergnügen lasen. Herr Voß will uns auch würklich hier nur etwas weismachen. Ich weiß sein Zweck war *edler*, er hätte sonst ein würklich *großes* Unternehmen nicht durchgesetzt. Er hat gewiß mit für die Leute übersetzt, die die Homerischen Helden und Götter schon kennen, ja selbst für die, die den Homer so gut verstehen als er. Zu der ersten Klasse gehöre ich selbst, und mir ist seine Orthographie abscheulich, sie würkt immer noch weit mehr auf mich, als schlechter Druck und elendes Papier. Und das bißchen Wahres, wenn sein Schöpsenlaut der wahre ist, fühle ich so wenig im Ohr, als den halben Gulden, den mir schlechtes Papier und schlechter Druck erspart, in meiner Tasche, während ich lese. Ich werde auch sicherlich seine Übersetzung nicht eher lesen, bis sie mit *besserer Orthographie* nachgedruckt wird, welches gewiß geschieht, wenn sie gut ist, woran ich wiederum nicht zweifeln *kann*: es müßte denn sein, daß die Gefühllosigkeit die Herr Voß durch diese seine unnütze Neuerung gezeigt hat, sich noch weiter erstreckt, welches so gar unwahrscheinlich *auch* nicht ist. Von der zweiten Klasse kenne ich auch einige, und diese finden seine Art zu schreiben alle abscheulich. Herr Voß selbst fühlt, daß es nicht allein einfältig sondern sogar *profan* sein würde, *Jäsus* lesen und schreiben zu wollen, und da hört und fühlt er ganz richtig. Aber dieses Beispiel, (und das macht es eben so vortrefflich) ist bloß gewählt, um auch sogar einem stumpfen Ohr die Absurdität fühlbar zu machen, die übrigens in allen andern *auch* steckt, in *Häbä* und *Thäbä* so gut, als in jenem geheiligten Namen. Was einen geheiligten Namen *profan* klingen macht, kann einem feinen Ohr einen bloß respektabeln, wo nicht immer *lächerlich*, doch *unangenehm* klingen machen. Jener entweihte, heilige Namen *erzeugt* nicht erst die Absurdität, sondern er vergrößert sie nur. Dieses fühlt Herr Voß freilich nicht, aber mein Himmel! können wir dazu denn etwas? Er fühlt vermutlich noch mehr nicht von dem, was sein Leser fühlt. Will er den Leser deswegen eigensinnig schelten, so muß er sich gefallen lassen, daß ihm dieser antwortet: Schweige du still mit deinem stumpfen Gefühl für alles was *anständig* ist und schön klingt.

Was endlich die guten Menschen anbetrifft, für die Herr V. bloß übersetzt haben will, die nicht ein eingewurzeltes Gefühl von Ehrfurcht vor jenem frühen Alter der Welt mitbringen, die, wenn sie jene Namen nennen, nichts empfinden, sondern sich bloß an ein genealogisches Register erinnern, das man Ihnen gibt, die überhaupt nicht ganz mit jenen *undeutschen* Alten zu leben und zu denken gelernt haben, die werden zwar allzeit, zumal in der Odyssee, Unterhaltung und *Unterricht* finden: Allein mich dünkt, da das menschliche Leben so sehr kurz ist, und uns zur Weisheit, Tugend und zum Vergnügen so viele Wege offen stehen, so täten diese Menschen besser, sie läsen den seligen Gellert, der auf eine Weise für Deutschland geschrieben hat, deren Wert man über jetziger Genie- *Seherei* und Genie- *Flegelei*, die eine so viel *über*, als die andere *unter* der Linie der Schönheit und Wahrheit weg, fast zu verkennen anfängt; Gellerten, der eben deswegen ein großer Mann war, weil er allen Ständen ohne Kommentar verständlich ist, und ohne eines andern als seines eignen großen und unsterblichen Geistes Zutun zugleich unterrichtet, bessert und vergnügt. Es wäre also im Ganzen wohl billig, Herr Voß ließe vor die Exemplare seiner Odyssee, die er für *seine* Gelehrten bestimmt, von Herrn Chodowiecki irgend etwas stechen, das blökt, mit der Unterschrift:

Sic *Voss*; non *Vobis*.

Aber das ist noch nicht alles, was sich gegen Herrn V. einwenden läßt. Sein *äh* ist nicht bloß ein unnützer, neuer, sondern auch ein häßlicher, unangenehmer Laut, eben weil es der Schöpsenlaut ist, und das ist vermutlich Ursache mit, daß man ihn trotz des Erasmus wieder vergessen hat. Man frage nur sein eignes Gefühl, (Schulfüchse kommen hier nicht mit in Betracht,) ob es nicht allemal verdrüßlich ist jemanden z. B. *häben*, oder *Lähre* sagen zu hören, wenn man gewohnt ist, *heben* und *Lehre* zu hören, umgekehrt aber gar nicht? Wenn jemand statt mein Läben (ma vie) mein *Leeben* sagt, so klingt es, mir wenigstens, zwar fremd, aber nicht unangenehm. Ich habe eine Aktrice gekannt, die so sprach, *schweeben, leben, seehen* (voir), und sie fand Nachahmer. Auch affektierte Mädchen, die sich auf ihren niedlichen Mund was wissen, sprechen ohne Unterricht zuweilen so. Die Hexen wissen wohl, daß das reine *e* den schönen Mund unendlich mehr ziert, als das Schöpsen *ä* mit dem fallenden Unterkinn. Ich habe einen Engländer im Deutschen unterrichtet, der nicht *Läben* (la vie) sagen wollte, sondern immer *Leeben* sprach, er schämte sich anders zu sprechen, weil es ihm häßlich vorkam sein

Liben (so hätte er nach seiner Mundart sprechen müssen) mit dem Schöpsen-Ton zu verwechseln; er würde sehr viel lieber *Loben* gesagt haben. Bei den Engländern ist zwar der Schöpsenlaut sehr gemein, aber wo er ihnen neu ist, da ist er ihnen unangenehm. Ja sie ändern oft, in ihrer Sprache selbst, den Schöpsenlaut in das menschliche *e* oder hohe *ä*. Die zierlichen Mädchen in England heben z. E. in dem häßlichen Wort nasty mit dem Schöpsenlaut, das *ä* so hoch, daß es fast wie *Nehsti* klingt, oder glauben nasty klinge the nastier, je mehr sie das *a* darin zum Schöpsenlaut erniedrigen. Und so geht es mehrern Leuten, die ich befragt habe. Wenn ich daher *Häbä* oder, des voti decisivi wegen, *Hähbäh* sehe, so fällt mir nicht mehr die Tochter der Juno und das schönste Mädchen im Himmel ein, (denn die dachte ich mir nur bei dem Zeichen *Hebe*), sondern etwas von einer Dame *Leonarda* in *Gil Blas'* Räuber-Höhle, einem Gegenstand für den polnischen Bock, und nicht für den Silberklang der Leier des Apoll. Der, der zuerst *blöken* statt *bläken* schrieb, muß das gefühlt haben, und so ist auch *Schöps* ein *schönes* Wort für einen *Schähps*. Hätten die Griechen ihr η durchaus *gebläkt* wie Herr V. will, und die alten *Italiäner* hätten, wie mein Engländer, die Gebrechen des griechischen Ohrs mit ihrem wohlklingenden, reinen e mit Fleiß in ihrer Sprache gut zu machen gesucht, so wäre dieses ein neuer Grund für den Deutschen bei dem e des alten *Italiäners* zu bleiben, da *deutsche* und *italiänische* Musik im Großen die herrschende bei allen gesitteten Völkern ist. Mit einem Wort, ich glaube das Schöpsen- *ä* ist ein elender Laut, den die Sprachen, ohne Verlust des Wohlklangs entbehren könnten; wo er also nicht schon im Besitz ist, da setze man ihn nicht hinein.

Doch ich werde müde, und füge nur noch ein paar Anmerkungen zum Beschluß hinzu. Was Herr Voß gegen des Herrn Prof. Runde Änderung der Monatsnamen einwendet,[15] unterschreibe ich ganz, und ich weiß, Herr Runde, dieser wahre und rechtschaffene Gelehrte, der gewiß Wahrheit aufrichtig und ohne Parteigeist sucht, wird diese Erklärung seines innigsten Verehrers und Freundes nicht übel aufnehmen. Ich gebe sie bloß als meine Meinung, die ohne weitere Gründe, ohnehin nichts *entscheidet*. Mich dünkt nur, da hat Herr Voß recht. Aber warum ich mit dieser Anmerkung hieher komme,

---

[15] D. Museum Wonnemond 1781.

ist, daß ich glaube, wenn Herr V. sein geschriebenes *bä* nach denselben Regeln beurteilen will, nach welchen er Herrn Prof. Rundes Vorschlag beurteilt hat, so wird er die Wahrheit in meinem gegenwärtigen Aufsatz fühlen müssen, und Hebe schreiben, so wie er *Mai* schreibt. Ja, ich denke er würde sogar *Minerva* statt *Athänä*, und in einer populären Übersetzung *Juno* statt *Hära* schreiben; doch dieses bloß im Vorbeigehen. Schlüßlich aber gebe ich Herrn V. noch einen Vorschlag zum Vergleich: Wie wenn er in seiner deutschen Odyssee das beibehielte, und Thηbη schriebe, so wie unsere Vorfahren in ihren curieux *en*, obligeant *en* und galant *en* Dedikationen und Episteln, die hohe Graçe und die Generosité ihrer Gönner und Charmant *en* admiriert *en* und adoriert *en*? Oder, wie wenn er drei Ausgaben auf einmal besorgte, eine in oben erwähnter Schreibart, eine zweite ganz mit griechischen Buchstaben, und eine dritte in genielosem mütterlichem *Deutsch*. An Subskribenten sollte es nicht fehlen. Die letztern nähmen die Bibliotheken und die erstern allenfalls die Kunstkammern.

Hier hat nun Herr V. meine Erklärung. Wenn ihm der Ton darin nicht gefällt, so muß er bedenken, daß pedantischer Eigendünkel, und Stolz eben so vogelfrei ist, als Irrtum mit Bescheidenheit sanfte Zurechtweisung verdient. Auf seine und seiner Compagnie Tadel bin ich stolz, denn ich weiß, es ist schlechterdings unmöglich dem eigentlichen Mann von Geschmack zu gefallen, so lange man den Leuten gefällt, die sich (Museum, März 1778) unterstunden den Pope einen Klatscher zu nennen, sie, wovon ein ganzer Kongreß nicht im Stande wäre, mit *vereinter* Kraft, eine einzige Popische Epistel hervorzubringen, ja nicht zehn Zeilen einer solchen Epistel. Ich bin überzeugt, die ganze vereinte Kraft würde in einer Bravour-Ode und in einem *Sturm am Berge schwer und dumpfig verdonnern*, oder an *Libanons Hoher-Zeder* verrauschen, oder im sanften *Silbergewölke* dahin schweben. Ohne Klang und Gesang. Solche Bilder sind Buchdruckerstöcke. Ich sollte denken solche Oden, deren Quell eigentlich die Backen und Naselöcher sind, müßte man herauswürfeln können, so wie Marpurg die Menuette. Hier hat also Herr Voß, der streitbare Mann, wieder eine vielleicht erwünschte Gelegenheit, sich um eine Staffel herunter zu schreiben. Ich werde ihm nie ernstlich antworten, ich wollte lieber – – O, ich weiß nicht, was ich lieber tun wollte – – O ich wollte fast lieber Herr *Jäsus* schreiben. Aber das will ich tun, wenn es mir zu nah gelegt wird, ich will hingehen und recta den Mond verklagen.

G. C. L.

Über tredition

Eigenes Buch veröffentlichen

tredition wurde 2006 in Hamburg gegründet und hat seither mehrere tausend Buchtitel veröffentlicht. Autoren veröffentlichen in wenigen leichten Schritten gedruckte Bücher, e-Books und audio-Books. tredition hat das Ziel, die beste und fairste Veröffentlichungsmöglichkeit für Autoren zu bieten.

tredition wurde mit der Erkenntnis gegründet, dass nur etwa jedes 200. bei Verlagen eingereichte Manuskript veröffentlicht wird. Dabei hat jedes Buch seinen Markt, also seine Leser. tredition sorgt dafür, dass für jedes Buch die Leserschaft auch erreicht wird.

Im einzigartigen Literatur-Netzwerk von tredition bieten zahlreiche Literatur-Partner (das sind Lektoren, Übersetzer, Hörbuchsprecher und Illustratoren) ihre Dienstleistung an, um Manuskripte zu verbessern oder die Vielfalt zu erhöhen. Autoren vereinbaren direkt mit den Literatur-Partnern die Konditionen ihrer Zusammenarbeit und partizipieren gemeinsam am Erfolg des Buches.

Das gesamte Verlagsprogramm von tredition ist bei allen stationären Buchhandlungen und Online-Buchhändlern wie z. B. Amazon erhältlich. e-Books stehen bei den führenden Online-Portalen (z. B. iBookstore von Apple oder Kindle von Amazon) zum Verkauf.

Einfach leicht ein Buch veröffentlichen: **www.tredition.de**

Eigene Buchreihe oder eigenen Verlag gründen

Seit 2009 bietet tredition sein Verlagskonzept auch als sogenanntes "White-Label" an. Das bedeutet, dass andere Unternehmen, Institutionen und Personen risikofrei und unkompliziert selbst zum Herausgeber von Büchern und Buchreihen unter eigener Marke werden können. tredition übernimmt dabei das komplette Herstellungs- und Distributionsrisiko.

Zahlreiche Zeitschriften-, Zeitungs- und Buchverlage, Universitäten, Forschungseinrichtungen u.v.m. nutzen diese Dienstleistung von tredition, um unter eigener Marke ohne Risiko Bücher zu verlegen.

Alle Informationen im Internet: **www.tredition.de/fuer-verlage**

tredition wurde mit mehreren Innovationspreisen ausgezeichnet, u. a. mit dem Webfuture Award und dem Innovationspreis der Buch Digitale.

tredition ist Mitglied im Börsenverein des Deutschen Buchhandels.

Dieses Werk elektronisch lesen

Dieses Werk ist Teil der Gutenberg-DE Edition DVD. Diese enthält das komplette Archiv des Projekt Gutenberg-DE. Die DVD ist im Internet erhältlich auf **http://gutenbergshop.abc.de**